# 定州衙署

文明古城

WENMING GUCHENG
DINGZHOU YASHU

张继宗
李增寿　编著

中国社会出版社
国家一级出版社 · 全国百佳图书出版单位

图书在版编目（CIP）数据

文明古城　定州衙署 / 张继宗，李增寿编著．-- 北京：中国社会出版社，2023.12
ISBN 978-7-5087-5776-6

Ⅰ．①文… Ⅱ．①张… ②李… Ⅲ．①文化名城－介绍－定州 Ⅳ．①K922.23

中国国家版本馆 CIP 数据核字（2023）第 133778 号

出 版 人：程　伟
终 审 人：陆　强
责任编辑：刘海飞
策划编辑：刘海飞
责任校对：马潇潇
封面设计：时　捷

出版发行：中国社会出版社
地　　址：北京市西城区二龙路甲 33 号
邮政编码：100032
编 辑 部：(010)58124823
网　　址：shcbs.mca.gov.cn
发 行 部：(010)58124822
经　　销：新华书店

印刷装订：北京博海升彩色印刷有限公司
开　　本：170 mm×240 mm　1/16
印　　张：14.75
字　　数：250 千字
版　　次：2023 年 12 月第 1 版
印　　次：2023 年 12 月第 1 次印刷
定　　价：88.00 元

中国社会出版社微信公众号

中国社会出版社天猫旗舰店

# 定州署徽简介

定州署徽是定州署的标志，由定州署仪门、署徽圆环、署徽底盘、署徽底色 4 部分组成。

署徽的主体是定州署仪门。仪门是礼仪之门，象征着定州自古是文明古城，礼仪之乡。仪门前有两尊石狮雄踞。仪门内的戒石坊和大堂表现出州署的威严庄重。“天下为公”和“天地正气”8 个大字蕴含着定州署的历史功能。

署徽圆环由“尧帝故都 唐城”石碑和“古中山国”24 枚礼器组成。环顶中间的石碑，标志着定州的历史起源于公元前2361 年尧封唐侯；中山国礼器，展示着战国、两汉、魏、晋诸朝都曾置中山国于定州的辉煌历史。山形礼器设置 24 枚，寓意农耕文化的二十四节气，起源于尧封唐侯时的“古唐国”。

署徽底盘由“中山”二字和“汉宋两旗”组成。巍巍定州开元寺塔腰系圆环，下座一山峰构成“中山”二字，是“中山定州”5000 年优秀历史文化的象征。“中山”二字的两侧分别是汉、宋战旗，展示着定州历史文化“汉风”“宋韵”的丰富内涵。

署徽底色是蓝天白云，象征着朗朗乾坤的定州大地。

定州署全景图

定州署仪门照

定州古城新貌

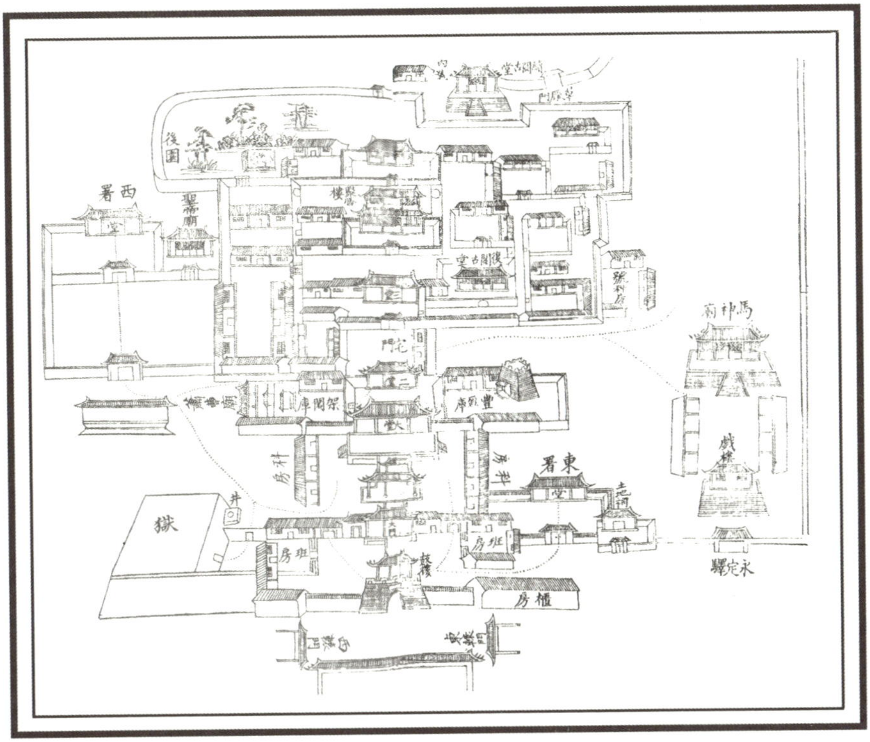


定州署平面图

"尧帝故都 唐城"石碑

宝塔春色

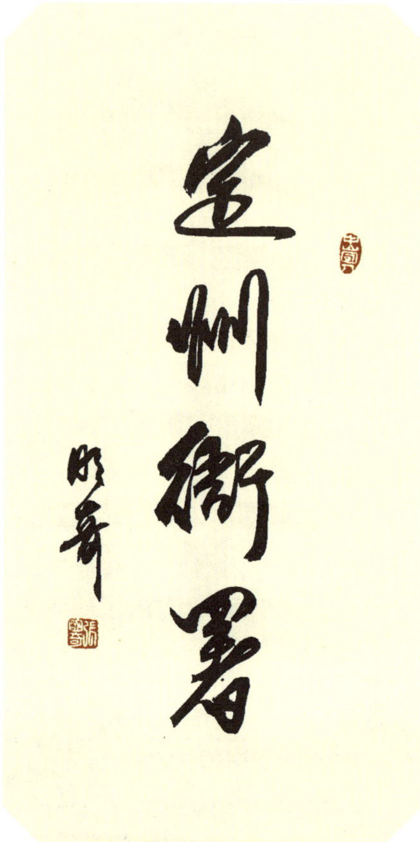


张明奇 / 题

# 前言

定州是河北省历史文化名城，其以悠久的历史和灿烂的文化著称于世。早在上古时期，尧（名放勋）受封为唐侯，都唐城，距今已有4300余年。“定州为帝尧始封之国”，今定州城北唐河南岸的唐城为唐侯的故城。自帝尧在定州建立都城，唐尧遗风世代相传。享有“九州咽喉地，神京扼要区”美誉的定州，一直被历朝历代统治者视为安邦固本之基。中山武公（生卒年不详，姬姓，中山文公之子，中山国第二任君主）居顾（中山顾城，今定州），两汉、魏、晋置中山国，后燕定都，北魏设行台。随着历史的变迁，历代王朝在定州设置的皇宫、王宫、总管府、大总管府、大都督府、元帅府已无影无踪，所幸的是，庄严肃穆的州级衙署在定州遗存千年。

定州署始建于唐代，后经宋、元、明、清诸朝代扩展维修，一直完好无损地保存到1972年前，是全国200多个清代知州（府）衙门中保存较完整、规制较完备的直隶州州署衙门。1972年，州署原有建筑被拆毁，改建成平房。1986年划归定州中学使用。定州署作为我国古代地方州级政权的象征，既见证了历代王朝政治制度的演变、执政方略的实施、统治体制的更替、地方循吏的清浊，又承载着历史上中国北方一个政治、军事中心，经贸都会，商业大城市的重大使命。同时，蕴含着定州“文明古城，礼仪之乡”的优秀历史文化内涵，是展示定州源远流长历史文化的一个重要窗口，是定州历史文化名城的重要标志。2014年，为了开发定州市丰富的文化旅游资源，实施“恢复古城、建设新城、改造旧城”的发展战略，定州市政府遵照古制在旧基上复建了定州署，并以史料为依据，聘请国内著名的设计师进行了精细的复原装修，并于2017年5月1日正式对外开放，使“千年古衙定州署”重新展现在世人面前。

复建后的定州署保留了明清古衙建筑风格，古朴典雅，庄严肃穆。通过精心地设计与装修，定州署不仅全面展示了我国古代的衙署文化、驿站文化、廉政文化、法治文化，而且定州署那些意义深长且雕刻精美的牌匾、楹联更令人叹为观止。定州署还利用蜡像、铜雕、浮雕、半景雕、泥雕和图文并茂的形式，展出了定州先民在历史长河中创造出的文明成果，如宋代的众春园；韩琦“赈济饥民数百万”的泥雕群；韩琦恩威并重，从严治军，使定军“精劲冠河朔”的蜡像古景群；定州数千州民进京“挝登闻鼓，振雷霆音”的浮雕景观；宋代弓箭社展馆里的铜像群；盛唐时期的绫机厂展馆；三国时刘备任安喜尉时，张飞“鞭打督邮”的雕塑场景；等等。诸多栩栩如生、引人入胜的古景重现景观，活灵活现地诉说着发生在定州历史上鲜为人知的动人故事，宣扬着定州深厚的文化底蕴。

《文明古城　定州衙署》以图文并茂的形式，详尽解说了千年古衙定州署及其所传承的历史文化。全书分为12章，分别是衙署建筑规制、定州署沿革、州署前院、州署主院、州署后院、永定驿、州署庙宇与官印、州署监狱、定武书院、州署古治、州署名典、州署牌匾与楹联。全书以定州衙署为实物标本，荟萃中国衙门文化精华，融学术性、知识性、趣味性于一体，具有涵盖面宽、容纳量大、知识性强、适用面广等特点，有较高的建筑艺术价值、历史文化研究价值。无论是文史类专家学者，还是一般文史爱好者，都适合阅读本书，都能从中汲取到自己所需的知识。

本书以史实为基础，以大量的史料为素材，力求准确无误，然而由于历史久远，史料素材繁多，尽管编者本着尊重史实、去芜存菁的原则做了严肃认真的精选修编，疏漏之处还是在所难免，敬请广大读者朋友予以批评指正。

本书的编撰和出版，得到了河北香江房地产开发有限公司张建军同志、中国社会出版社编辑及诸多朋友的支持与鼎力相助，在此顺表谢忱。

张继宗

2023年2月

# 目录

# 第一章 衙署建筑规制

衙署，民间俗称『衙门』，即古代官吏办理公务的处所，既是国家政权的象征，亦是城市中的主要建筑，在中国古代建筑史上具有极其重要的地位。

## 衙门的由来

衙门，也叫官署，用现在的话来说，就是官员行政办公的场所。相传，古时君王为了彰显自己的地位，就把猛兽的爪牙摆在自己处理公务的地方，久而久之人们就把这里称作“牙门”，后改为“衙门”。

衙门是伴随政权的产生而产生的，没有政权，就没有官吏，而没有官吏也就不需要官署。所以，古人云：“民非政不治，政非官不举，官非署不立。”衙门从一开始就与政权相生相伴。

政权是阶级和国家等社会形态出现后的产物。它奉行的是“弱肉强食”的自然法则，基本上是靠武力夺取的。武力的强弱也就成了王权能不能存在和实施的关键。因此，“崇尚武力”便成了古时候整个人类社会的一种普遍心态。那么，古时候人类最崇拜的“武力”是什么呢？由于生产力极低，古时候的人类最崇拜的“武力”，并不是人类自身，而是每时每刻都想征服的对象——猛兽，而猛兽最凶猛的“武力”又集中体现为其所拥有的爪牙，最具威慑力和杀伤力的当推其“利牙”。所以，当时的人们在给这个实施统治权力的强权场所给予称谓时，就自然而然地联想到了猛兽的“利牙”，便把官吏办公的场所称为“牙门”。

“牙门”的称谓最初来自猛兽之牙，其取意则是“崇尚武力”和“弘扬武力”，以达到通过武力实施强权统治的目的。由于“牙门”的这个属性，所以“牙门”并不是讲平等的地方，更不是一个平民百姓能随便进入的地方，它是一个实施社会强权的地方，是一个施政的场所。为此，“衙门”“官署”产生之初，被人们称作“牙门”就可以理解了。

## 衙门的演变

“牙门”称谓演变为“衙门”，从现存的史料中尚未考证出确切的时间，但从掌握的资料看，这个演变最早发生在唐朝以前。所以自唐宋以来，官署由过去的“牙门”逐步被“衙门”取代，已成定型。

关于“衙门”一词的来历，前人曾做过不少考证。牙，猛兽的利牙，古时常用来象征武力。牙门系古代军事用语，是军旅营门的别称。古代有“天子出，建大牙”之说，即竖牙旗为门。当时战事频繁，王者打天下、守江山，完全凭借武力，因此特别器重军事将领。军事长官们以此为荣，往往将猛兽的爪、牙置于办公之处。后来嫌麻烦，就在军营门外以木头刻成大型猛兽牙作为装饰，营中还出现了旗杆顶端饰有兽牙、边缘剪裁成齿形的牙旗。于是，营门也被形象地称作“牙门”。据语言专家考证，“衙”字最初读作“语”音。到了魏晋时，才将“衙”读作 yá（牙），“牙门”讹变为“衙门”，大体也始于这一时期。

隋唐时，“牙门”之称开始宽泛起来。封演在《封氏闻见录》“公牙”条中提到“近俗尚武，是以通呼公府为‘公牙’，府门为‘牙门’。字称讹变，转而为‘衙’也”。到了宋代，周密在《齐东野语》中说到衙门：“《诗》曰：‘王之爪牙。’故军将皆建旗于前，曰：‘大牙’，凡部曲受约束，禀进退，悉趋其下。近世重武，通谓刺史治所曰牙。缘是从卒为牙中兵，武吏为牙前将。俚语误转为衙。”在这段话中，周密谈及三点：一是尚武风俗，二是门旗变迁，三是同音讹传，从而产生了“衙门”这一称谓。

尽管唐宋时称官府为衙门已相当普遍，但唐制臣下办事之所多不称衙，宋代“在外监司、州郡称衙”而朝署宰相以下治事之所也不得称衙，久而久之，“衙”遂为臣僚治所通称。后代相沿成俗，将发号施令之所在地统称为衙门。直到清代，衙门作为封建时期的地方政府机构，其意义得到了最终的确立。

## 衙门的礼制

中国古代城市有三个基本要素：统治机构（宫廷、官署）、手工业和商业区及居民区。由于城市是按照京城、省城、府城、州城、县城的等级秩序排列而成，体现着封建制度对城市体系的决定性影响，因而衙门建筑在城市体系中占据着重要地位。

在等级森严的封建社会里，统治者对衙署的设置十分重视，并有一定的规制。特别是明永乐年间迁都北京并营建故宫后，这种规制就变得更加严格、规范。在建筑规格上，不同级别的官府有不同的等级约束。具体而言，明清衙署建筑规制大都遵循以下原则。

一是坐北朝南。即以一条南北向的主体甬道为中轴线，主要建筑如照壁、大门、仪门、戒石坊以及主体建筑（如大堂、二堂、三堂）依次排列在这条中轴线上，然后由这条中轴线向左右排开，保持对称格局。规模较大者，还可以有东西两侧辅线建筑。

二是左尊右卑。在中国传统观念影响下，衙署建筑布局以左为尊，以右为卑，如知府佐贰官（副职官员，其官阶略低于主官，但并非主官之属官，主要辅助主官）同知、通判，同知居东，通判居西；县令佐贰官县丞、主簿，县丞居东，主簿居西；东南为巽地，较为尊贵，寅宾馆、衙神庙多设在东南。

三是左文右武。衙署六曹均处大堂之前，其排列左右各三房，东列吏、户、礼，西列兵、刑、工；然后再分先后，即吏（文）、兵（武）二房为前行，户、刑二房为中行，礼、工二房为后行。

四是监狱居南。明清衙署监狱多设在西南，仪门之外，故俗称“南监”。

五是前衙后邸（类似于皇宫的前朝后寝）。衙署的大堂、二堂为行使权力的治事之堂，二堂之后则为长官办公及家人居住之所。特别是到了清代中后期，地方各级衙署俨然成了北京故宫在地方上的缩影。就连大堂、二堂、三堂的使用功能和体量规格也分别仿照皇宫的太和、中和、保和三大殿：大堂最为高大，二堂次之，三堂最小。外衙在前部，是衙署官吏发布政令、举行仪式及正式办公的行政区；后邸是衙署长官处理一般公务的地方及家人的居住区。

## 衙门的风水

中国古代建造城池时，特别讲究风水。城中衙门的地位极高，一般位居城中央，即所谓城池“正穴”的位置。这样布局，一是突出衙门的地位；

二是“正穴”乃聚气之地，符合“居中而治”之制，有利于社会稳定和当地“父母官”官位的高升。具体到堂舍，一般是轴线对称，左尊右卑。主体建筑的大堂、二堂、三堂都坐落在中轴线上，这是正印官（明清对地方各级长官之统称，如布政使、知府、知县等，所用的印是正方形的，故名“正印官”）生活的轴线，佐贰官、杂职官只能居于东西两条辅线上。地方衙门的监狱，要设在大堂西南，仪门之外，因为根据风水理论，这一位置属于“坤位”，是阴之极，是南监所在。

古代流传着一句俗语，叫作“官不修衙门”，究其根源，人们往往认为由于“铁打的衙门，流水的官，不知明天往哪儿搬”，这种走马灯似的官员频繁调动制度所造成的现象，或说是某些官员为了博得一个清廉的名声而不修衙门。其实不然，古代“官不修衙门”，主要是从风水的角度考虑的，前任官员修衙盖署，必定会请风水先生进行详查细勘，风水气脉概定，后任官员如果修衙，必然要兴工动土，不仅劳民伤财，而且还可能破坏了原来的风水，会给自己的官运带来不利因素。所以一般情况下，任职的官员不会去触犯“衙门动土”这个风水禁忌，这样看来，“官不修衙门”这种现象也就见怪不怪了。

# 第二章 定州署沿革

定州署始建于唐代，坐落在城内东街路北，其建筑严格按照《周礼·考工记》左祖右社、中轴对称、居中而治的规制建造，后经宋、元、明、清诸朝扩建维修。它是封建制度下统治阶级权力的象征，是定州历史悠久、文化底蕴深厚的见证，也是定州历史文化名城的重要标志，具有较高的历史文化研究价值。

## 唐代前的宫殿及衙署

尧都唐城。《史记》载："帝挚之母于四人中班最在下，而挚于兄弟最长，得登帝位。封异母弟放勋为唐侯。"放勋即帝尧。曹能始《名胜志》载："唐城在定州北十里，尧封唐侯于此。"《水经注》曰："唐城南与卢奴旧城相对，除此之外，再也没有相应的城了。"今定州唐城即尧帝故都，其帝宫置唐城（详阅附录一）。

战国中山王宫。《史记·赵世家》载："十年，中山武公初立，居顾。"十年，指赵献侯十年，即公元前414年。顾，今河北定州，为中山国武公之都，中山国置王宫于顾。

两汉中山王故宫。汉景帝前元三年（前154）封皇子刘胜为中山靖王，改为中山国，治所在卢奴。《水经注》曰："卢奴城西北角有一洼积水，深而不流，南北一百步，东西百余步，水色乌黑，俗称黑水池。"有人说水呈黑色叫卢，静止不流叫奴，卢奴城是因水而得名的。池水东北角，水边有汉中山王故宫，殿堂台榭都按皇朝国都的规格修建。起初修建了两座宫殿，开了四门，穿过北城，用石头砌成下水道，引水通入城中，又修建了鱼池、钓台和观看骑术表演的楼阁。

魏、晋中山王宫。东汉延康元年（220），曹丕代汉建魏，袭汉制置中山国，曹丕的同父异母弟弟曹衮于太和六年（232），由赞王改封中山恭王，辖十县，仍以卢奴（今河北省定州市）为都。曹衮在中山勤劳节俭、鼓励农耕，关心百姓疾苦，敦促自己的妻妾纺线织布、缝衣做鞋，避免了骄奢淫逸的滋生，强化了自律精神，营造了守身修德的环境。曹衮患病，令官属在中山王故宫营建东堂，名曰"遂志之堂"，临终前他把儿子曹孚唤至堂前留下家训。堂前遗训被称为中华优秀传统文化中的喻世名言，流芳千古（详见第十一章中的"遂志堂遗训垂千古"一节）。

晋中山王宫。西晋泰始二年（266），司马氏终结了魏、蜀、吴三国鼎立的局面。司马懿的孙子司马炎建立了晋朝后，封他的堂叔司马睦为中山王，领八县。晋代封了三代中山王，都以卢奴为都，沿用中山王宫。

后燕王宫。384 年 7 月，后燕攻克中山，385 年正月，后燕主慕容垂派乐浪王慕容温驻扎中山，准备定都称帝的事宜。当时，中山王旧宫仍保存完好，王宫南面还有一座小城。王宫和小城，是“后赵石虎于建武七年派遣北中郎将修筑小城，兴建北榭，建造宫殿”所留。于是，慕容温在小城南面，又加建了隔城，重修了宫殿。385 年 12 月，慕容垂到中山，看到新建宫殿富丽堂皇，居民安居乐业，军容整齐有序，粮仓盈满，十分高兴，对众将领说：“乐浪王慕容温在中山招纳流离失所的民众，充实粮仓谷库，在外军粮丰足，在内营建宫殿，即使萧何的功劳，又怎么能超过他！”不久，慕容垂宣诏定都中山。386 年正月初六，后燕王慕容垂在中山宫殿举行了盛大的登基典礼，即皇帝位。置中山尹，改“卢奴”为“弗违”。后燕实行大赦，改年号为建兴，设置公卿尚书百官，修缮宗庙、社稷坛。

后燕定都中山，是定州历史上这个北方的政治中心统领疆域最广的时期，后燕全盛时，疆域南到琅琊（今山东省胶南市琅琊台西北），东到辽海（今辽河流域以东至渤海地区），西到河汾（今黄河边），北到燕代（今河北全部、山西省西北部），统领北部半个中国。

北魏四级官署。北魏皇始二年（397），设立安州（取安宁之意）。次年，拓跋珪即皇帝位，恐幽冀有变，于中山设行台（陪都），诏令拓跋仪任尚书令兼中山行台，镇守中山。北魏天兴三年（400），改名为定州（取平定天下之意），以定州命名的建置开始出现，州治设在卢奴县旧城。此时，北魏行台统黄河以北诸地。定州领中山、常山、巨鹿、博陵、北平五郡。中山郡领卢奴、上曲阳、新市、毋极、魏昌、安熹、唐县七县。行台陪都、定州、中山郡及卢奴、魏昌、安熹三县的四级七座政权官署均置今定州境内。

从史籍中可以看到，北魏时中山宫依然完好。《中国通史（第五卷）》上册有这样一段记载：“胡太后临朝时，奢侈之风更盛。最典型的是高阳王雍和河间王琛。河间王琛，在宣武帝及孝明帝两朝皆担任定州刺史，他‘在州贪婪’。连胡太后也觉得他贪心无厌，下诏：‘琛在定州，惟不将中山宫来，自余无所致。’”可见北魏时州署治所当在中山宫。

东魏都督署。东魏天平元年（534），孝文帝元宏的曾孙元善见即位称帝。北魏王朝从此分裂为东魏和西魏。同年，设定州都督，领五郡。都督署置定州。

北齐官署。天保元年（550），高洋废魏建齐，史称北齐，仍设定州都督，辖郡县未变。《魏书》载，高洋即位之后，封元善见为中山王，其他方面也相当优待，还让他于中山国立魏宗庙。东魏、北齐时定州的官署不仅沿袭北魏，还为东魏孝静皇帝元善见在中山再次封王置国，这是历史上第六次在定州置中山国。然而，元善见仅即位一年多就被高洋所杀害，东魏政权就此结束。《读史方舆纪要》载："又有中山宫，慕容垂所置宫也。自后魏至高齐，皆因而为别宫。"

北周总管府。北周武帝建德六年（577）设置定州总管府，中山郡改称鲜虞郡。这是定州历史上第一次置总管府。《周书》载："建德六年，乙卯，帝（宇文邕）自邺还京。丙辰，以柱国、随公杨坚为定州总管。"杨坚是个传奇式的人物。他在定州任总管后，结束了中国长达200余年的分裂局面，创建了隋朝，成为"影响人类文明与历史进程"的世界名人。他的儿子隋炀帝杨广继位后，为了纪念隋朝基业是从定州兴起的，于隋大业九年（613），巡幸定州，改博陵郡为高阳郡，还专门建造了隆圣寺，铭刻了"隆圣道场碑"以示纪念（详见第十一章中的"隋文帝创隋基定州"一节）。

隋总管府。隋文帝开皇元年（581）设定州总管府，都督定、冀、瀛三州军事。隋炀帝大业三年（607），定州改称博陵郡，郡治所在鲜虞（今定州），辖县十：鲜虞、北平、唐县、恒阳、新乐、隋昌（魏昌的改称）、毋极、义丰（安国的改称）、深泽、安平。现定州市境域仅为合并以后的鲜虞、隋昌两县。大业九年（613），博陵郡改称高阳郡。定州的官署有：定州总管府、博陵郡署和鲜虞、隋昌两县的衙署。《隋书·卷一·帝纪第一·高祖上》载："开皇元年三月，辛卯，以上柱国、神武郡公窦毅为定州总管。开皇二年十二月，甲戌，上柱国窦毅卒。"窦毅在任定州总管期间，有一个"雀屏中选"的成语典故留世。故事情节是定州总管窦毅为女儿窦氏招婿，在门屏画了两只孔雀，射中者为婿，最终李渊中选。这是唐高祖李渊与窦皇后的一段美满婚事趣闻（详见第十一章中的“高祖李渊雀屏中选”一节）。

## 唐代官署

唐高祖武德四年（621）设定州总管府，管辖五州。其中，定州领安喜、唐昌（今邢邑）等十县。武德六年（623）设定州大总管府，领三十二州。武德七年（624）改为都督府，管辖八州。唐太宗贞观五年（631）废都督府。唐天宝元年（742）改为博陵郡，改唐昌为陉邑。唐乾元元年（758）复为定州。唐建中四年（783）置定州义武节度，治所在安喜（由卢奴改称），领定、易、沧三州。唐贞元十三年（797）恢复定州大都督府。次年又废，依旧为定州，领安喜（州治所在，由卢奴改称）、陉邑（由唐昌改称，今邢邑）等十县。定州官署有：定州总管府、定州大总管府、都督府；博陵郡署、定州署；安喜、陉邑两个县衙署。现在的定州署即唐代所建的州署。五代十国，将定州划为河北道，设定州义武军节度使，治所在安喜（今定州市境域），领县同唐制。后周广顺元年（951），定州义武军节度使领定州、易州、沧州三州。五代十国有定州义武军节度使署、定州署和安喜、陉邑两个县衙署。

## 宋金元代官署

定州义武军节度。宋太宗太平兴国元年（976），改定武军节度。太宗雍熙三年（986）设定州都部署。宋仁宗庆历八年（1048），初置定州路安抚使，统辖八州。皇祐二年（1050），韩琦知定州时重修州署，在定州署大厅墙壁上绘图题名，署前立辕门并于郡圃建阅古堂，按宋朝规定“定州知州同时充任定州路的安抚使兼马步军总管”，故称“大帅”，于署西建“帅府”。将文庙大修如新，在庙后创建明伦堂。天禧三年（1019），曹玮为定州都总管、定州都部署。政和三年（1113），升为府，次府，领安喜等七县。博陵郡改赐郡名曰“中山”。宋代官署有定州义武军节度、定州都总管、定州都部署、定州路安抚使大帅府和中山府、博陵郡、中山郡、定州署、安喜县衙署。

宋中山府。金太宗天会七年（1129），降为定州博陵郡定武军节度使，后复为中山府，辖安喜等七县、二镇。金代官署有定州博陵郡定武军节度使署、中山府署。

中山府。元初因之。旧领祁、完二州。元代有中山府和安喜县衙署。

## 明代官署

洪武元年(1368)，知州李极在旧基上重建。

洪武三十年(1397)，知州王秀重建。

宣德九年(1434)，知州常景先重修。

弘治十二年(1499)，知州官贤又扩建。

正德六年(1511)，蒋瓒重修。

正德十六年（1521），知州倪玑增建吏舍，并把“四礼图”放置在署门外，表示“复古”的意思。

万历六年（1578），知州王录因丹墀大洼，“辇工墁基，筑高尺许，周围凡三十余丈”，并凿泮池，夹道植桧树，通神路。

万历三十六年(1608)，知州刘悉增建库房。

万历四十三年（1615），知州宋子质于衙署后修建续阅古堂，以奉祀韩魏公(韩琦)，匾曰：先哲遗蹤(同“踪”)。在堂东修建了一座瑞莲亭作为旁衬，因荷塘开了一朵并蒂莲而得名。又于玉壶堂后建造聚胜楼一幢。

万历四十四年(1616)，宋子质写《聚胜楼记》。

万历四十五年(1617)，宋子质写《续阅古堂记》。

崇祯十二年（1639），出任新建置的定州道陈文衡到任后简单地建设了衙舍。

## 清代官署

康熙三十年（1691），知州于珽在暖阁后建成穿堂（过厅）3间。

康熙三十九年（1700），韩逢庥调任直隶定州后，为玉壶堂东客厅题匾：拜笏。

雍正八年（1730），知州王大年在署前建立牌坊3座，在正南一座的匾额题了“三辅股肱”4个字，东西2座作为辕门。后堂的匾额题为“玉壶堂”。又翻修鼓楼，在额首题“古中山国”4字。东西廊房14间也一并重修。

嘉庆二十一年（1816），知州袁俊建西花厅，由万鼎洋在匾额上书“后园”两个字。

道光二十八年（1848），知州宝琳改建东客厅，为复阅古堂。吏目詹作周建徒犯房。

道光年间，定州州同（官名，清代知州佐官）劳沅恩将后堂西至北客厅改为友石轩，将内宅9间增建为15间。

光绪十年（1884），知州陈庆滋重修鼓楼。

光绪三十四年（1908），知州陈燕昌修大堂。

## 近代后州署

民国三年（1914），拆毁阅古堂。

1949年后，定州署设为县政府驻所。

1972年，定州署原有建筑被拆毁，改建成平房。

1986年，定州署被划归定州中学使用。

2014年，定州市委、市政府实施恢复古城、改造旧城、建设新城的“三城”战略，决定重建州署。2015年3月29日，定州署复建开工奠基仪式隆重举行。2017年5月1日正式对外开放。

复建的定州署，是在古州署的原址上，依据古州署图，遵循坐北朝南、左祖右社、前堂后寝、监狱居南、中轴对称、居中而治的规制建造。整体呈古代明清建筑风格，有亭、堂、馆、驿、科房共计 276 间。

中轴线从南至北，第一座建筑是一字形青砖照壁。正面雕刻着古代寓意反腐倡廉的“獬”，显得公正森严。背面雕刻着纵览古城千年历史文化的《定州署赋》。接着是威严壮观的谯楼，谯楼下的大门洞为州署的第一道门，门楣刻着“古中山国”4 个大字，钟楼上悬挂范仲淹题的“中山天下重”黑底金字匾额。谯楼门前有两座石狮雄踞，谯楼东广场矗立着备受古代州民爱戴的官员楷模韩琦的巨大铜雕。仪门是州署的第二道门，为州署的正门。两侧有东、西两个门，东门为生门，西门为死门。生门东侧是缮状房，死门西侧是承发司。仪门前的广场古称丹墀，丹墀中有两根旗杆，丹墀东有圣谕亭，南是申明、旌善两房。仪门内便是州署主院，主院的大殿便是威严壮阔的大堂。大堂是州署的正堂，遵古制面阔 5 间，檐下置斗拱，斗拱疏朗，梁架奇巧，明亮宽敞。“天地正气”古匾悬挂正堂前。堂前两侧是栅栏，十八般兵器陈设两边。大堂内为暖阁，中设正堂，将昔日韩魏公恩威治军活灵活现的场景重现在世人面前。堂内两侧摆放着各种仪仗。主院的东西两厢是六科房，按照左文右武古制，东厢 7 间为吏、户、礼房舍，西厢 7 间为兵、刑、工房舍。大堂前的站台，古称露台，是公开审案时供观众旁听的场所。主院中间仪门通往大堂。高出地面的大道，古称甬道，甬道中有戒石坊一座，旁东是日晷，古代用于测时观天。大堂之后便是二堂，是州官处理一般公务和预审之地。二堂东为丰楹库，是州署的库房，今作苏公祠。西为架阁库，又称架阅库，即州署的典籍房。穿过二堂便是州署后院，主院与后院之间的门为宅门，宅门内便是三堂。三堂是知州接待官员、商议政事及宴居之地。三堂之后东侧为知州及家眷寝居休憩的场所——桂香室，即知州住宅。三堂正后面为聚胜楼，称为“四堂”。四堂东为宋代知州韩琦改建的天下第一铭堂——阅古堂，清改为“复阅古堂”。“五堂”，置护印神“大仙阁”。州署最北面即中山后圃，为衙署花园，一泓池水，明净清澈，山石嶙峋，树木青葱，奇花异草，争芳斗艳。明万历四十年（1612），荷塘生并蒂莲，时任知州宋子质于衙后建续阅古堂，题“先哲遗踪”牌匾，向东建瑞莲亭。清康熙年间，知州黄开运将“中山后圃”与“续阅古堂”同时纳入“定州古八景”，现在“五堂”与“中山后圃”之间开一条东至州署贡院、西至城内文庙之游览通道，“中山后圃”在通道以北。

东辅线从南至北，第一幢建筑——东署是同知或州同的衙署，今作定州宋代“弓箭社发源地”展览室。东署之东有土地庙，又称剥皮场。再东便是州署的古驿站——永定驿。驿站在古代是一个邮驿衙门，是驿卒食宿或中途换马的馆舍。永定驿由两座四合院建筑构成，北院正房是 7 间的两层楼阁。东西两厢各 5 间，前后院中间由垂花门相隔。垂花门也称二门，二门外为前院，两厢各有房舍 5 间。前院的南房是驿站的正门。记载定州永定驿的史籍最早见于东汉。更始二年（24）正月，大司马刘秀持节北渡黄河，镇慰河北州郡，行至卢奴，天色已晚，食宿在永定驿。邯郸王郎冒充汉成帝刘骜之子刘子舆，自立为帝，传递檄书，擒杀刘秀，即民间流传的“王郎赶刘秀”。刘秀在永定驿遭遇危难，被驿夫张布之妻所救脱险。

历史上定州的驿站内还有两个有名的典故。一是三国时张飞在安喜县（今定州）“鞭打督邮”，二是盛唐时定州人何明远的“华夏第一绫机厂”。永定驿的东面是州署的戏台，戏台北面是马神庙。马神庙由 2 个院组成，有 3 座大殿。北正 5 间是马王殿，东厢 3 间是马王母殿，即送子观音殿。西厢 3 间为马祖殿，马神庙与前院由垂花门相隔。马神庙前院两厢各 7 间，是古代办马证的地方。

东署和土地庙之北现为消防广场，广场北为古州署寅宾馆，是一座独立的四合院。北正房 5 间，东厢房 3 间，西厢房 5 间，南正房 5 间。寅宾馆是知州接待官客的馆舍，相当于当今的招待所，今作为韩公祠。韩琦知定州时丰功伟绩俱展于此馆。二堂的东侧为丰楹库，是州衙的仓库。

寅宾馆之北是定武书院，它是一座独立的四合院。书院北正房 3 间，东西两耳房各 2 间，东西两厢房各 8 间。定武书院是现今定州中学的前身，历史上培育了许多英贤才俊。被称为“循吏第一”的王瑚，被誉为中国先进知识分子代表的革命家、政治家、教育家王森然，人民音乐家张寒晖都曾就读于定武书院。书院现为定州市历史文化研究院所用。

州署的西辅线之南为监狱，按照明清古制复建，共有牢房12间。监狱的北正房5间为狱神庙。狱神庙北为衙神庙，即萧曹庙。庙内南正房5间，西厢房3间。萧曹庙北即州署后院，宅门西侧为3间客座，即门役房。客座北是长随院，南正房5间，西厢房3间，是胥吏办公的场所。再北为师竹院，是师爷办公之所。之后为桃李馆，北正房2座各3间，南房倒座3间，是州署官员休闲之所。长随院之西是一座独立的四合院——静也轩，北正房3间，南房倒座5间，东西两厢各5间，是同知（清代改称州同）及家人的寝室。静也轩之西是圣帝庙。州署西北一座独立的院落是西署，为吏目公署。

# 第三章 州署前院

定州署前院主要包括照壁、仪门、丹墀、谯楼、石狮、旗杆、承发司、缮状房、圣谕亭、申明亭、旌善亭、辕门、东署和韩琦雕像。

## 照壁

定州署前的照壁是遵循古制，依据清《道光志》所载的“州署图”复建的。照壁，也叫影壁，是“隐蔽”的谐音，即风水墙。照壁，古称萧墙，是一座青砖浮雕的一字形建筑，是正对州衙大门而独立的墙壁。在我国古代建筑理论和风水学中，照壁具有阻挡内外视线交织和聚气、聚财的作用，并与谯楼及门前空地相呼应，以增加古州署建筑群之气势。在照壁

照壁正面

照壁背面

的正面，绘有一幅四蹄似牛、头上长角、身上有鳞、尾巴翘得很高、嘴巴张得很大、两眼突出、欲吞食太阳、形如麒麟的怪兽，称为“犭贪”，这是传说中的贪婪之兽，能吞下金银财宝。尽管它四周都是珍宝，但它并不满足，张着血盆大口，还想吞食天上的太阳，结果太阳没吃着，却落得个粉身碎骨的可悲下场。古人云：“贪如火，不遏则燎原；欲如水，不遏则滔天。”千百年来，“犭贪”的狂妄，“犭贪”的悲剧，像一面镜子，给人以明鉴和昭示，正验证了“人心不足蛇吞象，贪心不足吞太阳”这个古语。

照壁绘“犭贪”，是明太祖朱元璋的首创，为了使吏治清明，他多次颁布严刑重典，官员贪污银子满 60 两的，就要被剥皮装上稻草悬挂于公堂，让上任新官触目惊心。后来，朱元璋觉得重典治吏只是权宜之计，“剥皮楦草”也未免过于野蛮，有失人道。为了促使官员清廉，朱元璋颁旨废除了“剥皮楦草”的酷刑，改为各级衙署在照壁上刻绘“犭贪”吞食太阳的图案，使进出衙门的官员能时常与照壁打照面，达到时刻提醒官员要“清正廉洁，勤政为民，不要贪婪残暴，祸害百姓”的警示目的。将照壁辟为“廉政警示牌”的做法，一直沿用到清朝末年。

照壁的背面镌刻着《定州署赋》全文（见附录二）。

## 仪门

仪门是州衙的正门，最初叫“移门”，因宫殿的侧门“移门”而得名，是明王朝在规定地方衙门等级时所定。随着时间的推移，一些善于思考的官员就用“移门”的谐音“仪门”称呼州衙的正门。理由如下：一是中华民族自古就以礼仪之邦著称于世，作为政权所在地的衙门自然应当“取仪有象”，“移门”改作“仪门”就是在倡导礼仪，所以仪门实际上也就可以理解为“礼仪之门”；二是衙门是威严庄重之地，

仪门

能够出入衙门最主要门户的人自然应当仪表堂堂，实际上也是借这一雅致名称倡导礼仪与规范。从古人对衙门最主要的正门的命名与变名来看，其中就包含了古人对礼仪的推崇与重视。

古代的仪门是有严格规制的，仪门通常紧闭，只有新官到任、迎接上级官员、举办重大庆典或者审议重大案件时才打开。仪门两侧各有一门，东门俗称“生门”，对应的西门俗称“死门”，判了死罪的囚犯就要从西边那个便门推出去砍头。仪门外的栅栏内摆着一面鼓，叫“鸣冤鼓”，古代百姓有冤情，可以来衙门击鼓鸣冤，州官听到鼓声就要升堂审理。门前两侧设置警示牌，左边书“诬告加三等”，右边书“越诉笞五十”。击鼓鸣冤特别要看一看门前两侧的警示牌，因为定州是州（府）级，下辖各县的百姓要告状必须先到县衙去告，县里处置不了或处置不公，才能到州署来，不能越诉，否则不管有理没理都要先打五十大板，如果诬告他人，还要罪加三等。由此可知，在古代都是严禁越级上告的，所以到衙门告状时一定要慎重。如果百姓真有冤情，一定要告状的就可以击鼓鸣冤。鼓一响，门口值班衙役就会出来问话，如果击鼓者带有状子，衙役就会把状子递给审案官员；如果击鼓者没写状子，衙役就会要求他去写一纸诉状。诉状可以自己找人写，也可以让衙门的人帮忙写。如果让衙门的人帮忙写，就需要到仪门东侧的缮状房，那里有专门替人写状子的先生。有了状纸，州官才会升堂审理。

仪门之内的栅栏里面摆着万民伞和官鞋匣。万民伞是好官离任时百姓签名所赠的礼品。官鞋匣是百姓为挽留好官，好官脱下朝鞋放入木匣内而留下的“纪念品”。相传宋代大文豪苏轼知定州离任时，百姓依依不舍，追赶着脱下其朝鞋留作纪念。

## 丹墀

仪门的前面，谯楼内的广场叫作丹墀。“丹”是红色之意，“墀”是宫殿前的台阶。“丹墀”一词便指以红色涂成的宫殿台阶，因为衙门是宫殿的缩影，所以衙门前的广场古时就称丹墀。丹墀是知州举行仪式的场所。

为了使百姓风调雨顺、五谷丰登，每年开春，知州都要在这里举行隆重的祭拜天地仪式。

## 谯楼

古代“谯”与“瞧”同义，有“瞭望、观望”的意思，所以谯楼也可以理解为瞭望台。谯楼是有一定等级的衙署才允许修建的，与其配置的还有一个鼓楼，合称为钟鼓楼（因谯楼上安放一座大钟，所以谯楼又名钟楼）。谯楼又名更楼，是州署第一景观，位居衙门前端，雄伟壮观，为定州署的第一重门楼。谯楼总高 13.51 米，在古代是州城的制高点。雍正八年（1730）知州王大年翻修鼓楼后，在额首题“古中山国”四字。谯楼上有范仲淹题的“中山天下重”黑底金字匾额。

定州署的谯楼在古代有 5 种作用。一是击钟报时。谯楼上摆放的是钟，鼓楼上摆放的是鼓，白天敲钟，晚上击鼓，每隔一个时辰敲一次，这

谯楼

就是人们常说的“晨钟暮鼓”。二是巡防守夜。每到晚上，更夫在这里打更，巡防官兵在这里点卯会面，承担城区及州署的安全防卫职能，即防火、防盗、防抢劫等社会治安工作。三是军情联络指挥。战乱时期，谯楼是城池保卫、军情联络的军事指挥台，一旦发生战事，各处军情可以迅速向谯楼传递，州官和军事将领便可以统一部署，协调指挥。四是张贴布告。在古代，谯楼是政策信息发布台，皇帝的诏告、州府的政令都是通过布告的形式在谯楼和四个城门上进行张贴，这样老百姓通过看布告就可以知晓朝廷和各级衙门在要求什么、鼓励什么和反对什么。要知“上头”想什么，到谯楼一看就了如指掌了。五是瞭望台的功能。谯楼是州城内的制高点，站在谯楼上，可以直接看到东、西、南、北四个城门和城墙四角的每个角楼。

在谯楼的二层钟室内，对“中山天下重”的来历与内涵，阐述得详尽、确切，还对古代击鼓撞钟的知识进行了介绍。

## 石狮

定州署谯楼前摆放着 2 尊 3 米高的大理石雕塑雌雄双狮。古代摆放狮子是有讲究的，规定一品至七品官职的官府皆可设置，以下的八品、九品官职的官衙就不准再有石狮陈列了。

狮子都是成双成对的，面南的石狮，居东的为雄狮，居西的为雌狮。雄狮的右爪下雕绣球，即“狮子滚绣球”，玩耍于股掌之中，球是权力的象征。雌狮的左爪下雕幼狮，叫作“太师少师”，意思是“子嗣昌盛”，世代高官。石狮的头发卷作疙瘩状，称为“螺髻”。衙门前狮子“螺髻”的数量多少，与官员的级别有关，级别越高，“螺髻”越多。

狮子被誉为“百兽之王”，我国古代的狮子是外国进贡来的。东汉章和元年（87），安息国王进贡狮子，从此，狮子便出现在中国的土地上。由于佛教对狮子的推崇，在人们的心目中，狮子便成了高贵的“灵兽”，于是人们用石料雕刻成各种狮子以镇守陵墓，驱魔辟邪。此后，石狮成为古代建筑不可缺少的守门壮威的装饰物，取其谐音为

“事事如意”。

石狮

石狮下的须弥座，又称金刚座，是我国传统建筑中的一种台座，一般用石块雕刻而成，束腰上有纹饰。“须弥”二字，见于佛教记载，原是佛像的底座。佛教由印度传入中国后，这种式样也被中国借鉴，以显示主人的高贵地位或级别。须弥，山名，一说为大海中的圣山，一说为世界的中心。用须弥山做底座，以示对佛的尊崇和佛的神圣高大。衙门石狮都是用须弥座做底座的，以显示对权力的尊崇。须弥座四周分别雕塑着寓意深刻的花纹图案。定州署谯楼前的雄狮，其须弥座正面雕着刻瓶、盘及三叉戟，借其谐音象征“平升三级”；左面雕刻着松柏和牡丹，象征着“富贵长寿”；右面雕刻着文房四宝，象征“文采风流”；后面雕刻着八卦太极图，象征“镇妖驱邪”。有人说，古代衙署一步一景、一砖一石、一草一木都有讲究，看来果真如此。

## 旗杆





旗杆是中国古代建筑中重要的文化景观，是历史的见证，是成功的象征。州署竖立旗杆的作用有三个方面：一是用来挂旗；二是增添州署的威严壮观和气魄；三是古州署的一个标志性建筑。

旗杆主要建于行署和官员府邸，各朝代对不同的官员品级在规格和数量上都有严格的规定。随着历史的发展，旗杆文化越加绚丽多彩，寓意越发厚重，制作工艺越发精湛，用途也越发广泛。不仅军营、衙署、官邸中大量出现，还转移到了佛寺、庙宇。明清时期，旗杆盛行。有功名者大都竖立旗杆。科举时代，秀才取得贡生资格后，就可以和举人、进士一样，在宗祠或家门前面竖起旗杆，表示“荣宗耀祖，改换门庭”，旗杆因此成了科举制度功名的象征。后来一般读书人家，为激励书生励志苦读，也在家门前竖一根旗杆，这根旗杆叫作“楣”。揭榜时，榜上有名，旗杆就照竖；如果名落孙山，就把旗杆放倒，称为“倒霉”，“倒霉”一词便由此而产生。

定州署的旗杆是严格依据史料记载复建的。由旗杆座、夹杆石、旗杆柱、旗杆斗、旗杆顶 5 个部分组成。遵循古制，旗杆底座 91 厘米，夹杆石 114 厘米、旗杆柱 9 米。旗杆柱的杆身选油杉木制成，圆柱形，高 9 米，寓意“天长地久”。旗杆上端有 2 个官帽形旗杆斗，上宽下窄，恰似计量粮食的器具斗和升，寓意“才高八斗”“步步高升”。其形状又像个金元宝，寓意“升官发财”。2 个旗杆斗把旗杆分为 3 段，象征“连升三级”。旗杆斗上长 56 厘米，下长 67 厘米，斜长 56 厘米。这是鲁班尺吉数：56 即旺财，67 即登科。旗杆底部是汉白玉磐石底座，寓意“坚如磐石”。旗杆座呈六角形，六即顺，寓意“事事皆顺”。旗杆座四周雕刻莲花，寓意“廉洁圣地”，历史上定州曾出过许多如韩琦、苏轼、曹衮、王瑚等“出淤泥而不染”的廉洁之士。夹杆石四周雕有二龙戏珠，寓意“龙凤故里”“龙飞凤舞”“藏龙卧虎”。太阳照射下的飞禽走兽，寓意“彰显权贵”“辟邪纳吉”“艳阳高照”，石龟寓意“长寿延年”。夹杆石柱雕刻祥云，寓意“平安吉祥”“壮志凌云”。夹杆石上卧 4 头雄狮驱邪镇妖，保佑人畜平安；旗杆顶上的圆形旗杆帽，寓意“独占鳌头”。

## 承发司

承发司，即现在的收发室，备有各类号簿，负责登记收发文件，并负责管理州署内部的文件发行办理、送达签写及公文发出等项事宜，同时还负责誊写各类呈状、张贴各种榜文等。现为定州署游客服务中心。

承发司

## 缮状房

清朝对诉讼案件有严格的要求，所以各级地方衙门都必须设置缮状房。定州署的缮状房内门有一组官代书替民女写状纸的硅胶蜡像，生动形象地展示了官代书代写状纸的场景。

缮状房是州署在衙门口设置的为百姓代写状子的地方。古代民众识字率不高，乡民有冤，自己不能书写呈词，不得不求人代写。但是代写者却往往出现教唆词讼、增减情节、假词诬告以致伤财害俗的情况，官府便在衙门口设置了缮状房，同时还设有专人代写状子。写状子的先生称“代书”，因为是官方批准的，故称“官代书”。到了清朝，对诉讼案件文书的书写要求十分严格：“无官代书戳记不准”，所以各级地方衙门都必须设置缮状房。

缮状房的门柱上有一副楹联，“有屈有冤尽管详诉，能忍能让切莫轻来”，意思非常直白，是在劝告人们不要轻易到衙门告状。告状一定要经过深思熟虑，状子是文字的东西，白纸黑字，写下文字就是证据，如果

缮状房

写的情况不属实，就属于诬告。诬告一经查实就要“反坐”，承担法律责任。一旦把状子交到衙门里，就成了法律字据，再想抽回和反悔就来不及了。为此，缮状房门前警告石上写着“一字进公门，九牛拉不出”的警语。

官代书在一个衙门口久操故业，垄断了代写呈词的权力，时间长了难免发生舞弊行为。因此，各朝代都对其进行了法律规范。唐宋法律规定：“诸为人作辞牒，加增其状，不如所告者，笞五十。”雍正年间，《大清律例》规定：“呈后登记代书姓名，该衙验明，方许收受。如无代书姓名，即严行查究。其有教唆增减者，照律治罪。”州县官对官代书也时加防范，除慎重择选官代书外，还以《大清律例》为基础，对官代书的职责制定了实施细则。凡不遵守规定的官代书，即被责罚或撤换。

官代书制度可以追溯到北宋，历经元明，一直延续到清末。在为民诉求中，官代书制度发挥了一定的作用，弥补了诉讼制度的不足。但是，有些官代书无中生有，虚构或增减情节，混淆是非；有的以不正当手段从中获利。一些官代书与讼棍恶意串通，沆瀣一气、包揽词讼，成了清代司法腐败的现象之一。

## 圣谕亭

圣谕亭是衙署必不可少的教化设施。州署衙门作为封建王朝的统治机构，在征税纳粮、劝民农桑、听讼审案的同时，非常重视对老百姓的思想和精神统治。因此，在衙门设置了专门宣讲圣谕的圣谕亭，作为宣讲皇帝的圣旨、告示、手谕和朝廷法律之用。圣谕亭里用石碑刻写着皇帝为教化百姓专门发布的圣谕，希望借此教化州民，巩固封建统治。

## 申明亭、旌善亭

申明亭是明太祖朱元璋创建的读法、明理、彰善瘅恶、处理争讼小

圣谕亭

申明亭

事、辅弼刑治之所。设申明亭处，也必设旌善亭，亭内书写善人善事、恶人恶事，以示惩劝。

申明，即陈述说明之意。申明亭是用来宣传法律、告谕乡里的亭子。明初，申明亭是张贴衙门中官员劣迹告示的地方，也公布衙门里的处罚和判决；凡户婚、田土、斗殴等民事纠纷结果，常在此张贴。“民间户婚田土斗殴相争一切小事，不许辄便告官，务要经由本管里甲老人理断。”不经由里甲老人理断的，不问虚实，先将告状人杖责六十，仍然发回里甲老人去评理；衙门判决的作奸犯科者名单也常在此公布。到了清代，申明亭也用来颁布朝廷的“教民敕谕”，同时还是官代书的活动场所。

旌善，又称彰瘅，语出《尚书·毕命》中的“彰善瘅恶”，意思是表彰善的，憎恨恶的。旌善亭是宣讲圣谕、乡规民约、彰善瘅恶之所。多用于表彰善行、宣扬教化，孝子贤孙、义夫、节妇的事迹，也常于此表彰。通常是亭子里悬挂几块板榜，上面公布的是当地的好人好事，如某乡绅力行善事、某孝子割股疗亲、某寡妇守贞不嫁、某家族几代同堂等。

有学者认为，虽然申明亭规模不大，但它是明清时期对封建法制诉讼程序的一项改革和创新，解决了千百年来府县地方官整天被各种鸡毛蒜皮的官司所困扰，而难以有较多的精力治理地方的问题。即使申明亭中不能解决的官司，因在场吏员已对事情梗概有所了解，转给知州知县，审判时就快捷多了，这也是提高政府办事效率的一项有效措施，对今天仍有借鉴意义。而旌善亭也对倡导封建礼法、施行教化起到了一定的补充作用。因此，明清对申明亭均有法律条文予以特别保护，有“拆毁申明亭”的处罚专条。《大清律例》规定：凡拆毁申明亭房屋及毁（亭中）板榜者，杖一百、流三千里。

## 辕门

定州署前的两座辕门是遵照清《道光志》所载“州署图”复建的。辕门，又叫行辕，起源于春秋战国时期。古代两军作战是在马拉着的战车上进行的，军队宿营或驻扎时，为防止敌人骚扰攻击，兵士们就将战车围成圆形作为屏障，为便于出入，以两车相向而放为门。因车辕相对，故名“辕门”。后来帝王巡狩、田猎，宿在险阻的地方时，用车子作为屏藩，使两车的辕相向交接，形成一扇半圆形的门，也叫作辕门。由于约定俗成，因袭相传，虽战车早被淘汰，但“辕门”一词仍被保留了下来，并推而广之，把一些高级军事衙署的正门也称为“辕门”了。《周礼·天官·掌舍》载：“设车宫辕门。”后来也指领兵将领的营门及督抚等官署的外门。古时定州是扃钥之地，国之门户，多由武官或文武兼备的官员镇守。北宋韩琦知定州时，就曾在定州建有元帅府，故定州署门外设有东、西两座辕门。

## 东署

东辅线从南至北，第一幢建筑为东署，原为同知公署，即同知办公的

东署

韩琦画像

庞籍画像

场所，今为北宋时期“弓箭社发源地”展室。展室内摆放着拊循弓箭社兴起的宋朝4位知州的半身雕像和简介。

韩琦（1008—1075），宋庆历八年（1048）知定州，他奏请皇帝，施行“籍民为兵”，称河北边民“勇悍纯实，出于天性”；提出“农闲练兵，战时防御，既增强军事力量又减少冗兵军费”的主张，是苏轼奏请皇帝时所述前任知州“加意拊循”河北弓箭社第一人。

庞籍（988—1063），宋仁宗年间知定州，他于嘉祐四年（1059）奏请制定的弓箭社规定已获朝廷批准施行。在河北弓箭社的建设方面发挥了推动促进作用，他是制定弓箭社条约的第一人。

滕甫（1020—1090），熙宁三年（1070）知定州时奏谏依“旧制募弓箭社，以为边备”“北人劲悍，缓急可用”，促进了弓箭社的快速发展。他倡导的“寓兵于农”，与韩琦倡导的“籍民为兵”如出一辙，是“加意拊循”河北弓箭社的第三人。

滕甫画像

苏轼（1037—1101），元祐八年（1093）知定州，两次奏请皇帝扶持弓箭社：“臣窃谓保甲皆齐民也，集教止是一月，武艺无缘精熟……一旦驱之于战守死地，恐未可保”“惟弓箭社人户所处皆必争之地，世世相传，结发与敌战”，力主建设弓箭社。

苏轼画像

## 韩琦雕像

韩琦知定州5年，深得民众推崇，百姓曾赴京祈求为其立生祠，未获朝廷批准，但在韩琦去世后，定州民众在众春园为其立庙，后又诏载于祀典（摘自《韩魏公集·家传》）。以后每逢韩琦诞辰，“士女焚香于堂，小民献技于庭者，终日不绝”（摘自《韩魏公集·别录》），以表达对韩琦的思念之情。乾隆帝作《定州览古》：“迤逦中山境，林端夕阳红。逢秋农有庆，阅古兴无穷。事业韩彪炳，文章苏趫雄。千秋遗矩在，明月与清风。”

尊重历史上为定州百姓造福的名宦，是定州人民的优良传统。为发扬这一优良传统，州署谯楼东广场建有韩琦的铜雕巨像。铜像高10.5319米，是纪念韩魏公于1053年1月9日离开定州时百姓思念不已而设计的；底座的高度为2.0159米，是2015年9月重建州署时，为韩琦铸塑铜雕的时间。巨型雕像稳坐在镶嵌汉白玉大理石的须弥座上，底座的四面分别雕有韩琦的功勋事迹。

正面向东：为韩琦简介铭文，内容如下：韩琦（1008—1075），字稚圭，相州安阳（今河南）人，天圣五年（1027），20 岁中进士第二。在宋出将入相，辅三朝、立二帝，功勋卓著。英宗即位后，封魏国公。神宗御撰“两朝顾命，定策元勋”予以褒扬。庆历八年（1048）四月知定州，开历史之先河，创出了华夏历史上四个之最。

雕座南向：韩琦知定州时所建的天下第一人民公园“众春园”图。史料载，庆历八年韩琦知定州时，开历史之先河，将原知州李昭亮所建已破烂不堪的私家园林重整园圃，修缮后，命名为“众春园”，取“与民同乐，谐众同春”之意，是历史上第一处官民可随意游览的公园，堪称“中国第一人民公园”。

雕座西向：韩琦知定州时所建的天下第一铭堂“阅古堂”图。中国历史上最早的人物壁画是敦煌石窟壁画，始于晋，盛于唐，但那只限于佛教。曲阜孔庙有《孔子圣迹图》，但绘于明代。韩琦知定州，建造了中国历史上第一个以先贤功德为座右铭的铭堂——定州阅古堂，堪称“中国第一铭堂”。

韩琦的铜雕巨像

雕座北向：韩琦奏请皇帝实施“籍民为兵”图。庆历八年（1048），韩琦知定州时在边陲官吏拒敌不力的情况下，多次奏请实行“籍民为兵”的御寇方略，提出农闲练兵、战时防御，既增强军事力量又减少冗兵军费的主张。为民间弓箭社的产生奠定了理论基础，是倡导弓箭社建设的第一人，使定州成为弓箭社发源地。

韩琦雕像前刻有大理石浮雕，浮雕两端楹联是：两朝顾命，定策元勋（宋神宗御撰碑文）；五载知定，民敬如神。浮雕中有两组栩栩如生的画面。

第一组是“擂挝登闻鼓，振起雷霆音”。皇祐三年（1051），皇帝要调走韩琦，数千州民相约进京“挝登闻鼓”，请求再留任其三年，帝诏曰：“顾、定武之雄镇，控燕陲之巨防……故升琦为观文殿学士再任。”此为历史上最大的一次民众进京求皇帝挽留任职官员的民意举动。

第二组是“廉洁之官，圣贤之神”。韩琦知定州5年，救民于水火，百姓敬其如父母。皇祐五年（1053）一月，韩琦离开定州时，百姓围拦阻截，他以计脱身后，民众追至北门，门不得开，吏民悲痛，哭声震原野。韩琦去逝世后，民众为他塑像、树碑、立祠，逢公祀日，敬若神灵，“士女焚香于堂，小民献技于庭者，终日不绝”，以表达对其的怀念之情。

# 第四章 州署主院

定州署主院主要包括大堂、露台、甬道、六科房、戒石坊、日晷、二堂、丰楹库、架阁库等建筑。这些建筑各承担着相应的施政功能。

## 大堂

大堂，也叫正堂、正厅，定州署的大堂正上方匾额书“天地正气”四个大字。大堂是州署的主体建筑，是衙门最重要、最核心的地方，也是举办重大典礼活动和公开审理判决案犯的地方。所以，大堂是敞开的，一般

不常用，最主要的一项功能是审案听讼，另一项庄重堂事就是新官上任要在大堂举行授印仪式。还有一项是辅助堂事，就是新任知州到任后要举行排衙仪式。定州因为是边陲扃钥重地，常由武将或文武兼备的官员镇守，州署还有特殊的一项功能就是军事职能，为此定州署大堂也就增加了军事审判职能。

大堂是州署衙门的主体建筑，在大堂前有块高出地面约一尺的地方，

大堂全景

大堂正厅

称作“台”。台上由4根柱子围成的空间，称作“官阁”，其顶棚上绘有三十六仙鹤朝日图，象征皇权一统，四海归一。官阁是知州处理公务的地方。由于官阁四面通风，冬天断案时，通常在台上的案下放一火炉，以供知州取暖，所以官阁又称为“暖阁”。暖阁中立有屏风一座，屏风上绘有江崖海水图。屏风前有大堂公案桌和太师椅，旁置木质印架，上面摆放着圣旨和黄绸包着的官印盒。屏风上方正中间悬挂着“明镜高悬”堂匾。两侧是“克己奉公”与“执法如山”匾额。“正厅”匾悬挂堂顶。“肃静”“回避”两牌及十八般兵器分列两边。公案上摆放着惊堂木和三尺法案。法案上有笔、墨、纸、黑红砚台、笔架和红绿签，红签为刑签，绿签为捕签。大堂公案前有原告石和被告石，正堂牌、放告牌、蓝扇、蓝伞、万民伞、青旗、刑板、皮槊、桐棍、职爵牌、暖凉轿等仪仗陈设两边。铜锣、云板、报时梆子、堂鼓一应俱全。大堂内具有严肃庄

“肃静”与“回避”两牌

正堂牌

职爵牌

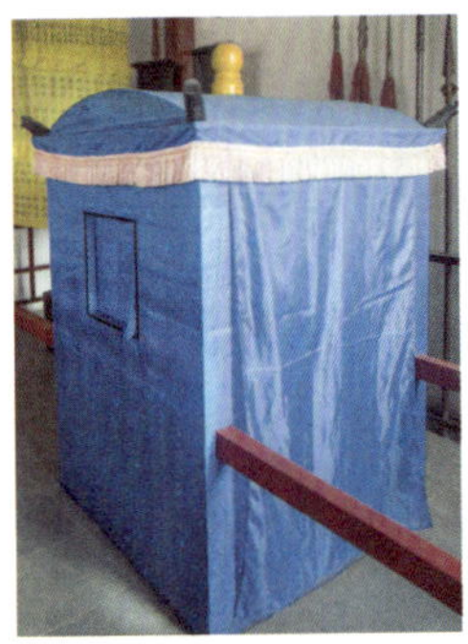
蓝暖轿

红暖轿

刑板

皮槊

“韩琦治军”蜡像场景

重的气氛，整体给人以沉郁、肃穆的感觉，是皇权威严在地方上的体现。

为了缅怀韩琦知定州时的丰功伟绩，定州署在公案前展示了一个蜡像场景——“韩琦治军”。屏风两边撰有一副楹联：忧国抚民公廉施政执法纪，惩恶扬善从严治军筑长城。韩琦知定州时，定州久为武将镇守，士兵骄横，军纪松弛，韩琦到任后首先大力整顿军队，采取恩威并施的办法，对那些品行恶劣的士兵毫不留情地予以惩罚，而对以死攻战的勇士则予以重赏。后来韩琦又研究唐朝名将李靖兵法，命令将士日夜操练，使定州军“精劲冠河朔”。

现在蜡像场景旁有一整套官服和官帽，游客不仅可以一饱“古官楷模”韩琦英姿风采的眼福，还可以穿上官服，戴上官帽，与“古官楷模”合影留念或体验“升堂审案”的庄重感受。

## 露台

露台又称站台。在州署大堂前有一块长方形平台，这就是露台。州署大堂前建设露台，主要有三个作用：一是为了州署大堂的建筑坚固，起护基的作用；二是大堂是官府公开审理案件的场所，同时它也是群众观看官员审案的平台，起着看台的作用；三是起着增强州署大堂威仪的作用。

## 甬道

州署大堂站台与仪门相连接的一条高出地面半米的走廊叫作甬道。它是州署官员迎送上级及贵宾的专门通道，也是古代衙署的迎宾通道。

## 六科房

州署大堂前的东西两侧是六科房，州衙仿照朝廷六部，设有吏、户、礼、兵、刑、工六大科房。六科相当于现在的市委、市政府所设的组织部、税务局、教育局、民政局、人民武装部、政法委、城建局及水利局等各职能部门。

东科房

### 吏科

吏科的头目称“经承”或“吏书”，其职能相当于现在的组织、人事部门。旧时，吏房掌管本州内所属吏员的升迁调补、下委任状、州衙内勤，登记本州内进士举人，管理乡绅、丁忧以及本州在外做官人员的出身、成分、任职等事宜，是六科中最有权力的部门。

### 户科

户科的头目称“经承”或“户书”，其职能相当于现在的民政、财政、税务、土地等部门。户房在旧时主要掌管全州民政、财政、户籍登记、赋税、核定和编制田地黄册等事务，处理有关房宅、债务、婚姻等方面的民事诉讼。

### 礼科

礼科的头目称“经承”或“礼书”，其职能相当于现在的宣传、教育、文化等部门。礼房主要是协助知州掌管全州的教育、学校、礼仪、祭祀、文化、节庆等事宜。

### 兵科

兵科的头目称“经承”或“兵书”，其职能相当于现在的人民武装部。旧时主要是掌管全州兵丁、马匹的征集，训练丁壮、考试、向上输送兵员等事宜，驿站、剿匪、城防等事宜也属其管理。

### 刑科

刑科的头目称“经承”或“刑书”，其职能相当于现在的公、检、法、司等部门。刑房主要是协助知州受理案件、破案侦缉、验尸填报、堂事笔录、拟写案牍、管理刑狱等。

### 工科

工科的头目称“经承”或“工书”，其职能相当于现在的城建、水利、交通等部门。旧时主要是掌管全州的工程营造，兴修水利，修葺衙署、城池、仓库、桥梁、祠堂、寺庙以及铸造银两、枪械等工程项目。

六科房由于职责与职权不同，古人编成谚语，用富、贵、贫、贱、威、武六个字来概括其地位与特征：吏科贵而户科富，兵科武而刑科威，礼科贫而工科贱。

## 戒石坊

在州署仪门通往大堂高出地面的甬道上，有一座戒石坊，是按照衙门古制专为展示箴言警语来警醒官员而建的。戒石坊三门四柱，上方北面楣额上书写着“清慎勤”三个大字，“清”就是为官要清正廉洁，“慎”就是办案处事要小心谨慎，“勤”就是为政要勤勤恳恳。“清慎勤”是古代官

清慎勤

府中常见的匾额，州县衙门中有的挂在大堂，有的挂在二堂或穿堂，而定州署是直接书写在戒石坊的北向门楣上，正对州署大堂，每当知州升堂办案，抬头便可看见这三个大字。它每时每刻都提醒着州署官员，起着警示作用。

“清慎勤”这一箴言来历很久，据《晋书》记载：李绪之子李秉很有才干，曾任泰州刺史。他过去陪伴司马懿时，有三位长吏来见，辞行时司马懿对他们说：“为官应该做到清、慎、勤。具有这三种修养，还用担心治理不好自己管辖的地方吗？”三人同时表示会遵照训示去做。司马懿又问：“必不得已要有所取舍的话，这三者哪个最重要？”有人回答：“清为本。”李秉回答：“清、慎之道，相须而成，必不得已，慎乃为大。”司马懿称赞说：“你的话抓住了要领。”这就是“清、慎、勤”三字的来历。从此这三个字就成了对官员的基本要求。

戒石坊的上方南面楣额上书写着“天下为公”四个大字，原意是天下是公众的。

天下为公

戒石坊下面两侧有 2 块石碑。北向东侧石碑书“公生明”，西侧石碑书“廉生威”。这 6 个字出于明代学正曹瑞言：“吏不畏吾严而畏吾廉；民不服吾能而服吾公，公则民不敢慢，廉则吏不敢欺；公生明，廉生威。”这则为官箴言，曾被朱镕基总理多次引用。西侧碑阳面所书是“尔俸尔禄，民膏民脂”，东侧碑阳面所书是“下民易虐，上天难欺”。上句是说当官的吃穿用度所有花费都来自老百姓，老百姓才是当官者的衣食父母，当官者的心里一定要装着老百姓，要有报恩的思想。下句是说不要以为老百姓地位低下就可以随便欺负，假如为官者倚仗权势欺压百姓，上天是不会饶恕他的，最终必会遭到报应。

这 4 句话是宋太祖赵匡胤从五代十国后蜀末代皇帝（第二代）孟昶所写的 24 句《颁令箴》中摘录的，原文如下：

朕念赤子，旰食宵衣，言之令长，抚养惠绥。
政存三异，道在七丝，驱鸡为理，留犊为规。
宽猛得所，风俗可移，无令侵削，无使疮痍。
下民易虐，上天难欺，赋舆是切，军国是资。
朕之爵赏，固不逾时，尔俸尔禄，民膏民脂。
为民父母，莫不仁慈，勉尔为戒，体朕深思。

这 24 句话翻译成现在的白话就是：我惦念我的百姓们，为了他们，我每天天不亮就起床，天色很晚方进晚膳，力求做到勤政。告诉你们这些地方官，你们的职责就是安抚百姓，为他们办实事、谋利益，使他们过上安定的日子。为官从政，对不同的人和不同的事，要用不同的方法，犹如弹奏琴瑟，轻重缓急需依情势而定，这样才能收到好的效果，使人们知礼，自觉遵守法律法规。只要宽严相济、管理得当，民风民俗是可以向和善的方面转化的。要减轻百姓的负担，不能使他们的利益受到侵害。平常百姓是容易受欺负的，但上天和良心是不可欺的。向国家缴纳赋税和军备物资是迫切的事情，国家有了储备，军队才能强大。只要这些都做好了，我就会及时奖赏你们。你们的俸禄都是百姓的血汗，作为父母官，要千万爱护他们。以上是我对你们的殷切希望，你们要体会我的良苦用心啊！

据说宋太祖觉得这《颁令箴》有些长，不便于记忆。于是他就从中摘录了 4 句：“尔俸尔禄，民膏民脂。下民易虐，上天难欺”，并亲自书写（有一种说法是请书法家黄庭坚书写），下令各地官员都要把这 16 个字刻在石碑上，号称“戒石”，置于公座之旁时时提醒。我们常说的座右铭有可能就出自于此。明朝建立后，明太祖朱元璋又下令把这块戒石摆放于大堂院落的中间，正对着大堂内主审官坐堂的公座，让主审官审案时就能看见这块戒石，起到警示作用，提醒官员办案不偏不倚、公正处事。

## 日晷

日晷，是我国古代利用日影指向测定时刻的一种计时仪器，通常由铜制的指针和石制的圆盘组成。铜制的指针叫作“晷针”，垂直地穿过圆盘中心，起着圭表中立竿的作用，因此，晷针又叫“表”。石制的圆盘叫作“晷面”，安放在石台上，呈南高北低之状，使晷面平行于赤道面，这样，

日晷

晷针的上端正好指向北天极，下端正好指向南天极。在晷面的正反两面刻画出 12 个大格，每个大格代表两个小时。当太阳光照在日晷上时，晷针的影子就会投向晷面，太阳由东向西移动，投向晷面的晷针影子也慢慢地由西向东移动。于是，移动着的晷针影子就像是现代钟表的指针，晷面则是钟表的表面，以此来显示时刻。

## 二堂

二堂，名思补堂，又叫鉴心堂、退厅，是案件预审调解或审理一些不便公开案件的公堂，多是一些民事纠纷案件。大堂审理强调的是“法为重”，二堂审理强调的则是“和为贵”。从大堂和二堂所悬挂的匾额即可看出，大堂悬挂的三块匾额，中间的是“明镜高悬”，两侧是“克己奉公”与“执法如山”。这三块匾额强调的是“廉公明断”与“严正执法”，州官要以公廉的作风严格执行国家法律。二堂悬挂的三块匾额，中间为“正大

二堂

光明”，两侧则是“厚德”“省刑”，体现的是“公正、仁德、省刑”的爱民执法理念，也就是要求案件能调解的尽量调解，原告和被告都要换位思考，学会宽恕别人，不要得理不饶人。要懂得“得饶人处且饶人”“退一步海阔天空”“以和为贵”的道理，以形成人际交往中“和睦相处”和“社会和谐”的风尚。从二堂的执法理念可以看出，古代审理案件时，也很注重运用调解这个方法，以达到“和谐”这个目的。可见，“和谐社会”是有着历史优秀传统文化渊源的。

## 丰楹库

丰楹库是州衙的仓库。州衙仓库一般有粮仓、财帛库、架阁库、仪仗库等。这些建筑分布于不同的位置，都有厚厚的墙体和高高的栅栏等严加防范。明清时，“仓”和“库”的含义不同。仓专指贮存粮食的粮仓，有预备仓、便民仓、平粜仓以及东、南、西、北仓。库则指贮存粮食以外各类财物的场所。丰楹库现已改为苏公祠。

苏公祠

架阅库

## 架阅库

架阅库，唐代称敕库，又称架阁库、典籍房、典册房，位于二堂的右后侧，是州署存放典籍的库房，储藏管理文牍案卷。州衙的各类公文档案都集中存放在架阅库，大凡记录户口的《黄册》、记录土地赋役的《鱼鳞图册》以及诉讼卷宗等都要整理后放在架阅库的一排排书架上，相当于现在的档案室。定州署内的架阅库所藏典籍，曾为我国历史上制定法律、传承法典起到“天下独有”的作用。

据《中国通史（第七卷）》载：后梁为了推行新律，朱温下令将各道所的存唐朝法律书籍焚毁。到了后唐同光元年（923）时，专门掌管法律的三司（御史台、刑部、大理寺）所收贮刑书，都是伪廷（后梁）删改过的。

天下诸道中也只有定州“敕库独有本朝律令格式具在”，保有唐朝律令格式共 286 卷，冬十二闰月，诏取旧律令于定州。进呈朝廷后，成为后唐法律的依据。次年编纂《同光刑律统类》13 卷。

# 第五章 州署后院

定州署后院主要包括宅门、三堂、聚胜楼、客座、师竹院、静也轩、桂香室、复阅古堂、寅宾馆、中山后圃、西署等建筑。

宅门

## 宅门

宅门是内宅之门，又称官宅大门，平时紧闭不开，只有逢节日、喜庆日子来客人或有重大活动时方开启屏门，让客人由此走进院子。宅门乃关防重地，至于书差，若无公事以及非奉呼唤，均不准擅入。内宅门上安装有瞭望眼并镶有转桶（为了加强宅门的紧闭性，宅门东侧门扇通常设有一望孔，门扇上安一转桶，半个桶在门外，半个桶在门内），有客来访或有信件、公文送到，把守大门的衙役到宅门外打一下梆子，把来客的名片或公文、信件之类的东西放入转桶，宅门内的门房从望孔看清来人，转动转桶，把外面那一半转到里面来，取出东西呈送给上级。

## 三堂

定州署的三堂叫作玉壶堂，是根据古代官衙形制和前堂后寝的格局而建。清雍正八年（1730），知州王大年取唐代王昌龄诗句“洛阳亲友如相问，一片冰心在玉壶”将三堂命名为“玉壶堂”。

三堂是知州居住休息之所，既为内宅的一部分，也是知州日常办公、商议机密事务和接见上下级官员的地方，也叫上房。所谓上房，原意是衙署中递级而进的最上面的房子，也就是知州及家眷居住生活的地方。定州署衙三堂之后又有知州宅，可称得上是名副其实的“上房”了。

三堂内景

玉壶堂

“夫人对棋”蜡像

三堂的东耳房是知州临时休息的寝室。如今室内以蜡像的形式展示了知州夫人闲暇时与客人在此下围棋的优雅场景。

三堂西耳房是知州的书房。在韩琦知定州期间，定州署的三堂书房曾发生过一个“燃须撩袖”的传世故事，今用蜡像的形式展现了出来。

“燃须撩袖”蜡像

## 聚胜楼

明万历四十三年（1615），知州宋子质见州署四周“群峰高拱”，壮丽可观，唯独厅后寝室“卑狭不称”，自捐木石于玉壶堂后建造聚胜楼，取其登眺四周秀胜之意，并于翌年写下《聚胜楼记》。

《聚胜楼记》原文如下：

> 中山之名，其来旧矣。为郡为国，沿革不一。其来脉本恒岳，至嘉山跃起为少祖，剥石为土，蜿蜒而东约六十余里，结而为中山。因绕山为城，周遭二十六里有奇，两泉内合，四水外环，形势平衍而规模亦宏畅，余气前趋尚数十里，洵胜概也。其中央东北数十步为州治，来脉大聚于此，风气蔚然茂焉。但宫室营建，未尽中于度。如前为大门，建楼其上，进而仪门，而正堂堂后为退厅，俱壮丽可观。独

聚胜楼

厅后寝室卑狭不称，况丙位料敌塔巑岏之势，上凌苍穹。巽有库楼，艮有新所构瑞莲亭，而坎次之镇为续建阅古堂，其儒学魁星楼起于乾，钟鼓两楼峙于坤，并称奇观。乃群峰高拱而主势不昂，堪舆家谓近于欺压，非宜。不佞相度形势，较量宾主之间，因创此楼，颜曰"聚胜"，取其一登眺间而四周秀胜毕集也。一切木石自捐置，不以属民。其造作之方，亦躬自指画，视若家政。然构结完固，庶几百年不拔之基，但久则坏，物理之常。凡守兹土者，不传舍其官，及时修葺，亦爱惜物力意也。吾于后之同志有深望焉！

## 客座

客座又叫门役房，是门役守候内宅的门户房，其在古代承担着两项主要职能。客座的第一项职能，通报进见知州的官员与来宾。过去凡是要到内宅进见知州的官员与来宾，并不能直接进门来见，而是要经过门役的禀报与安排才可以进见。因为过去内宅的门一般情况下都是紧闭的，内宅门上安装有瞭望眼并镶有转桶，进见官员及来宾敲门后，门役从瞭望眼中观看来者为何人，询问因何事进见。若是递送公文，把公文放置内宅门上的转桶里，并旋转转桶，门役在里面不开门即可收到公文。若是要拜见知州，则需要门役进去禀报，待知州同意接见后，方可开门进入，然后在客座等待。客座的第二项职能，即由门役敲打梆点，负责通告衙门的起居作息时间。过去州署衙门中，整个开衙、闭衙等衙门日常起居时间都是由内宅门役用敲打梆点的方式安排的。"梆点"打多少下，都有不同的寓意，不是可以随便敲打的。为什么要由内宅的门役打梆而不是由其他人，是有些讲究的。据说，每天开衙、闭衙的重要时辰都要从内宅中传出梆声，就是要体现整个衙门官吏是"以州官为中心"来安排各项事务的。黎明日出，内宅宅门里就开始上衙要打头梆，按规矩打点 7 下，寓意"为君难为臣不易"。头梆是衙门准备上衙的信号。这时，前衙守大门的衙役要请内宅门役用转桶将大门钥匙递出来，打开大门，书吏、衙役赶到衙门报到，听候点名，称为"应卯"。到了早晨，掌印的主官起床，内宅要打第二梆，打点5下，寓意“臣事君以忠”，书吏这时要点卯上衙，并将当天要处理的文件送到签押房待州官处理，同时将前一天签发的公文下发给各房去办理，值日的书吏要将自己的姓名及接办文件填写在号簿上以备核查。内宅传第三梆时，打点3下，寓意“清慎勤”，这时州官走出内宅，书吏、衙役肃立，州官进入签押房，一天的工作正式开始。

中午有休息时间，下午在申时（15—17时）的某一时刻打点7下，即为中午休息后又开始上衙的起点。日落时传二梆，打点5下，表示一天的工作结束，其打梆点数的寓意与早晨相同。此时书吏要将各房的签套收回，全部送到签押房。如果州官要“加班”，听其自行处理，如果州官坐大堂，另传梆声，还是打点7下，即发出信号通知州官要“加班”，有关书吏和衙役闻梆声后要返回大堂随州官处理堂事。签押房是州官日常处理公务的主要场所。除到大堂、二堂坐堂处理各种日常事务外，州官最主要的办公地点就是签押房。

## 师竹院

定州署的师竹院是师爷居住的地方，也叫师爷房。之所以取名师竹院，是因为在古代知州治理州民常被喻作“似青竹那样要有气节”。师爷虽然是帮助知州治理州民的，但他并无官衔职称，也不在政府体制之内，他实际上是知州聘请的私人顾问、秘书与参谋。师爷的俸禄不是国家发放的，是知州从自己的“养廉银”与各种陋规收入中拿出一部分发放的。所以师爷与知州的关系是宾客与主人的关系。既然是一种宾主关系，那么师爷与知州的关系奉行的就是“合则留，不合则去”的原则。二者能不能长期合作，不仅取决于师爷自身的素质与经验，更取决于师爷的学识与决断问题的能力能否被作为主官的知州所欣赏。所以当师爷是古代知识分子长时间科举考试不举后的一种无奈选择，也是一件劳心费力收入并不是很高却难得落好的幕后苦差。虽然是苦差事，但由于师爷可以借助知州在官场的地位，实现古代知识分子参与社会事务的“报国”情怀。所以在古

师竹院

代，一些知识分子如果科举屡试不中，最后就会选择给官员当师爷这条路子，尤其是浙江绍兴地区的士子更喜欢选择走这条路子。由于许多衙门选择的是绍兴人当师爷，因此古代又有“无绍不成衙”的说法。既然师爷是各级衙门必不可少的一种配置，那么，什么样的师爷才算是好师爷，有没有一个衡量标准呢？这个标准还真有。《素书》把辅佐君王的人分为四等。第一等师爷的标准是老师的“师”。这一类师爷要求智慧如同泉涌，德范堪为表率，堪称大师级和老师级的师爷。这就是说，第一等的师爷是德行非常好、智慧又非常高的人。第二等师爷是朋友的“友”。这一类师爷智慧可磨砺他人，意见可与主官平等交流，系朋友级师爷。这就是说，可以称为第二等的师爷不但要有独到的见解，而且可以与主官平等交谈和争论，是可以把各种话都讲在当面的人，也是师爷中的上等。第三等师爷是官吏的“吏”。这一类师爷安分守己、克己奉公，凡吩咐皆可做到，不做出格的事，系执行级师爷。也就是说，第三等师爷可以完全按照主官的意图和要求去办事，但缺点是其创新与应变能力不足。这一类师爷就稍微差了些。第四等师爷是奴隶的“隶”。即只图眼前的方便快意，不管对错，叫之则连连答应，阿谀奉承，系奴隶级师爷。第四等师爷是最差的一类师爷。选择哪类师爷取决于主官的胸怀与喜好。一般来讲，选择高者易得高，选择低者易得低，选择不同得失也会不同。

不论是主官还是师爷、书吏，对各种典册的学习都是必不可少的功课。典册房也是保存各种法典与各类衙署公文的地方，它的职能类似于现在的机要室，但还兼有部分专业图书馆的职能。一些历朝历代的法典与上级下发的公文等都在此处保管，而这些无疑都是衙门里行政办公的主要理论与行政参考依据。所以，尽管从古至今典册房很冷清，却是非常重要的地方。凡有衙门的地方，必有典册房，只不过有些衙门的典册房名称不同而已。

## 静也轩

静也轩即静怡轩，也叫同知宅，是过去州同（也叫同知）居住的宅院。州同是州署中协助知州主管钱粮税赋等社会事务的官员，其职位相当于现在的市长。古代的州级官员配置，实行的是一正两副，一名知州为主官，还有两名副手，其中一名就是州同，另一名为州判。州判是主抓纠纷处置与社会稳定的长官，其职位相当于现在分管政法工作的副书记。州同住在静也轩正房，东厢房为其公子房，公子房前边的东夹房为其女儿房，再前边的东厢房为州同所聘请的钱粮师爷房。院中间的高大房屋为锦汇轩，这是衙署职官们举行会议的地方，其功能相当于现在的常委会会议室。



## 桂香室

桂香室是知州的内宅，是一个五正三厢的独立院落。一般情况下，知州整天在衙署废寝忘食地为朝廷和老百姓办理事务，回到内宅之后，应该好好地休息静养，但事实上并不完全是这样。我们不妨先看看内宅小院的楹联：大门上的楹联是“清廉品高凝典范，风骨形瘦传精神”。东厢房门上的楹联是“传家有道惟存忠厚，处事无奇但求率真”。这是知州提醒自己，回到内宅后不仅自己和家属要时刻铭记凝铸“清廉品高”的典范，做到“风骨形瘦传精神”，还要培养教育好子女，做到“传家有道惟存忠厚”，行事处事没有其他捷径，只有忠诚、勤朴、认真，才能当一个好官。

## 复阅古堂

庆历八年（1048）韩琦知定州后，开历史之先河，在郡圃环亭的基础上扩建，并在堂壁上绘制了前代良臣与守边将士英勇事迹60条，以教化州民、激励后人。创建了中国历史上以先贤功德为座右铭的阅古堂，一时之间震动了朝野上下。一些名士如富弼、范仲淹等皆为其赋诗，刻阅古堂之上，大加赞颂。由于它起到了激励后人奋进的教化作用，“阅古堂”精神流芳千古，成为历代名宦仿效的典范。万历四十三年（1615），州官宋子质于州署后中山后圃建续阅古堂。道光二十八年（1848），知州宝琳改建东客厅为复阅古堂。

复阅古堂

续阅古堂

## 寅宾馆

寅宾馆是州署接待上级官员及贵宾的场所。“寅宾”一词出自儒家经典《尚书·尧典》，据说帝尧曾任命东方之官“寅宾出日”。寅是尊敬的意思，宾是引导的意思，就是要东方之官每天恭恭敬敬地引导太阳升起，方便农耕。后世将“寅宾”引申为接待，寅宾馆就是接待室。凡是来府衙拜访长官的客人都要被守门的皂隶引至寅宾馆落脚休息，再由当班皂隶拿着来客的名片、手本到内衙去请示。繁体字“馆”由“食”字与“官”字组成，乃官员食宿之处，故古代多将招待宾客的建筑称作“馆”。但在一个衙署里，寅宾馆多是一个象征性的接待场所，其内部一般不设客房，衙门来往官员通常被安排在馆驿就宿。

寅宾馆是一座独立的四合院，为了表达定州人民对韩琦的感恩之情，今改为韩公祠并进行了修缮。

寅宾馆——韩公祠

北正房为韩公祠。进厅内可看到韩琦和他知定州时与儿子韩忠彦二人的巨幅雕像，两侧则是韩琦知定州时恩威并重、从严治军，使定军精劲冠河朔和向皇帝屡奏“籍民为兵”的两幅生动形象的浮雕。

东厢房为韩琦事迹第一展室。室内中央是一座韩琦于 1048 年知定州时古景重现的赈灾放粮的泥雕群，展示了韩琦赈济数百万灾民的场景。室内四壁以图文并茂的形式展示了韩琦在宋代相三朝、立二帝等的生平事迹。

南房为韩琦事迹第二展室。室内正面是一幅宋代定州数千州民为了挽留恩公韩琦，千里迢迢赴京挝登闻鼓场景的巨型浮雕。室内四壁以图文并茂的形式展示了韩琦知定州时的诸多事迹。

西厢房为韩琦事迹第三展室。室内中央是一座韩琦知定州时所修缮的园圃泥雕群，首开“与民同乐，谐众同春”历史之先河，取名为“众春园”，建起了中国历史上第一处官民可随意游览的人民公园。

室内正面是一幅苏轼知定州时所作《苏轼祭韩忠献公文》的浮雕。浮雕顶端是乾隆皇帝巡幸定州时为颂扬韩琦功德御笔题写的“事业韩彪

韩琦赈灾放粮群雕

挝登闻鼓浮雕

众春园群雕

炳”巨幅匾额。

蘇軾祭韓忠獻公文

嗚呼　我生雖晚　尚及昔人　堂堂魏公
河岳之神　四十余年　其德日新　鐘鼎有盡
竹帛莫陳　惟其大節　蔽以一言　忠以事君
允也上臣　我與弟轍　來自峨岷　公罔羅之
若獲鳳麟　契闊艱難　手書見存　勿以大臣
笑彼汗顏　援手拯溺　期我于仁　豈知無用
既老益頑　意廣才疏　將歸丘園　上未忍棄
界之中山　公治此邦　沒食其民　我獨何幸
敬踐后塵　公惟人傑　而不自賢　堂名閱古
以古律身　況我小生　罕見寡聞　敢不師公
治民與軍　雖無以報　不辱其門　尚饗

維元祐八年，歲次癸酉，十一月初一日乙亥，端明殿學士兼翰林侍讀學士、左朝奉郎、定州路安撫使兼馬步軍都總管知定州軍州事、上輕車都尉賜紫金魚袋蘇軾，謹以清酌庶羞之奠，昭告于魏國忠獻公之靈。

《苏轼祭韩忠献公文》

## 中山后圃

中山后圃位于定州署后，匾曰“先哲遗踪”，是官吏休闲、作赋的场所。

绍圣元年（1094），苏轼在中山后圃偶然得到一块黑石，琢芙蓉石盆盛之，置于众春园内。苏轼特作一首七律诗，刻于莲花石盆唇之上，曰《雪浪石盆铭》：尽水之变蜀两孙，与不传者归九原。异哉驳石雪浪翻，石中乃有此理存。玉井芙蓉丈八盆，伏流飞空漱其根。东坡作铭岂多言，四月辛酉绍圣元。

康熙十一年（1672），知州黄开运将“中山后圃”与“续阅古堂”列入“定州古八景”。乾隆皇帝驻跸众春园时，御题“后雪浪石”。嘉庆年间，知州袁俊建房数间，题匾额“中山后圃”。雪浪石被誉为“大宋第一名石”。1952年，毛泽东视察定州时，特意到众春园遗址观赏雪浪石，并留下千古佳话。

中山后圃

## 西署

西署，定州署西北一个独立的院落，为吏目公署，是胥吏居住或办公的场所。

西署

# 第六章 永定驿

永定驿是一个古代驿站。历史上定州最早的驿站，是建于秦朝的东亭驿站（时称邮亭）。永定驿在何时使用，史书没有记载。汉更始二年（24），刘秀巡河北，王郎新起势盛，发出檄文，以十万户侯封赏，捉拿刘秀。刘秀至卢奴永定驿时，夜间被驿夫张布之妻所救。『王郎赶刘秀，烈妇救光武』的典故，说明汉更始年间就有了定州永定驿。

东汉末年，刘备被任命为安喜县尉。被人们传颂的张飞“鞭打督邮”的故事就发生在安喜（今定州）驿站。明末清初，杭州名妓宋娟，被清兵掳至清风店，题诗于驿壁，诗名《题清风店》，说明清风店在明末清初就有驿站。明月店现存有明清时的驿站旧址。现定州境内有东亭驿、永定驿、清风店、明月店 4 个驿站。

定州署永定驿是依据清《道光定州志》载图复建的，坐落在定州署的东侧，是一座具有明清建筑风格、独立的四合院。驿站坐北朝南，分前后两院。后院北正房两层楼阁，东西配房各五间；垂花门外前院东西配房各三间，南房是驿站的正门。

永定驿前后院之间有一道垂花门，垂花门是指门上檐柱不落地，而悬于中柱穿枋上的门。一对倒悬的短柱，柱头向下，头部雕饰出莲瓣、串珠、花萼或石榴头等形状，酷似一对含苞待放的花蕾，这对短柱称为“垂莲柱”，垂花门的名称就与这对特殊的垂柱有关。垂花门是四合院内的一个重要建筑，其特色之一是占天不占地，它以端庄华丽的形象成为四合院外院与内宅的分水岭。旧时人们常说的“大门不出，二门不迈”，其“二

永定驿

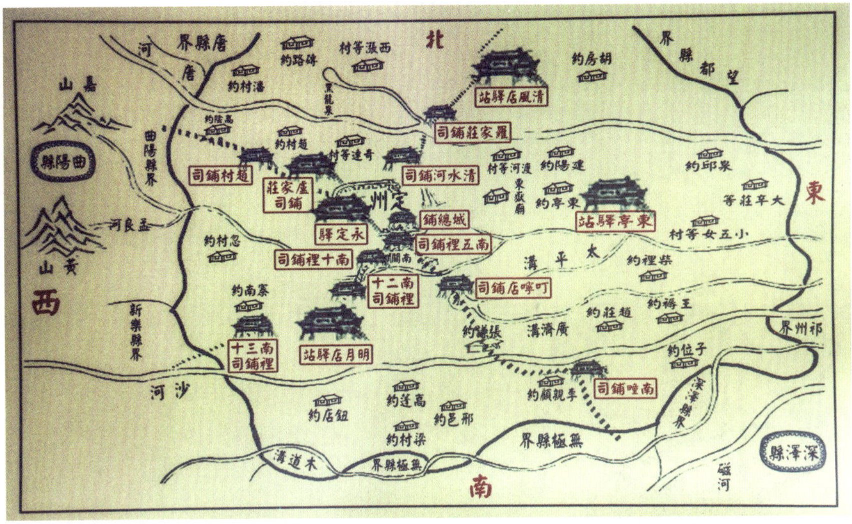


定州古驿站、铺司示意图

门”即指垂花门。

垂花门有两大功能。一是防卫功能。在向外一侧的两根柱子之间安装的第一道门，这道门比较厚重，与街门相仿，名叫棋盘门，或称攒边门，白天开启，供宅人通行，夜间关闭，有安全保卫作用。二是起屏障作用，这是垂花门的主要功能。为了保证内宅的隐蔽性，在垂花门内一侧的两根柱子之间再安装一道门，称为屏门。除驿站有重大仪式，需要将屏门打开之外，其余时间屏门都是关闭的。人们进出二门时，不通过屏门，而是走屏门两边的侧门或通过垂花门两侧的抄手游廊到达内院和各个房间。垂花门的这种功能，充分起到了既沟通内外宅，又严格地划分空间的特殊作用。通过这道小小的垂花门，我们看到的是中国古代劳动人民的勤劳、聪明和智慧，是一幅幅具有浓郁地方特色的民俗风情画卷。

永定驿的正房为两层楼阁，现今院内设有四个展室，分别展出了我国古代驿站文化知识、发生在定州古驿站内的重大历史事件和名人名典。展览真实地展现了定州永定驿在历史上发挥的巨大作用，生动有趣地介绍了古代驿站丰富的历史文化。

永定驿正房共七间，中三间是古代的驿站衙门。衙门内展示了驿站站长接待驿夫、验收邮符的蜡像场景。西两间为站长寝室，东两间雕塑了东

驿内验邮符场景

汉末年发生在安喜驿站内的一个历史名典——张飞鞭打督邮，这是一个妇孺皆知的故事。

第一展室在驿站前院东厢房，展示的是古代驿站知识。在交通十分落后的古代，传递文书、军事情报和军用物资，开始完全靠人背肩扛送达，后来发展为骑马传递，传递的人被称为驿夫。驿夫在途中需要住宿、换马，为了保证信息畅通，州、县就设立了专门为驿夫服务的地方机构，这个机构就是驿站。

第二展室在东配房北，共五间，进展室便可看到一幅生动的古代驿站换马图，可以清楚地了解我国驿站的发展历史。

第三展室在驿站的西配房，共五间，迎门便是唐代定州巨富何明远的雕像。雕像的背景是一幅贡绫图，展现出了定州在隋唐时期已成为中国北方的大商业城市和丝织品中心，所产细绫，非常精良，奉为贡品。每年常贡的细绫、瑞绫和特种花纹的绫，有 1500 多匹，较其他州高出约百倍，丝织品贡数居全国第一。除此之外，定州丝绸产品还通过丝绸之路远销西亚、欧洲、非洲等地。展室内的展览以图文并茂的方式展示了何明远

张飞鞭打督邮

驿夫换马

“华夏第一大绫机厂”的发迹史。

第四展室在驿站前院西配房，展出了东汉光武帝当年在永定驿被救时的蜡像场景——王郎赶刘秀，烈妇救光武。

烈妇救刘秀蜡像

# 第七章 州署庙宇与官印

神仙崇拜是中国传统文化不可或缺的组成部分，『上下隆杀以节之，吉凶哀乐以文之，庄恭诚敬以赞之』。神鬼祭祀得到国家层面的提倡和推崇，自古被列入『五礼』。根据史料记载，定州署属于衙门的神仙庙宇有马神庙、萧曹庙、土地祠、圣帝庙、狱神庙及大仙阁。衙门的这些神仙，多与传统的道教崇拜有关。根据道教神仙功能的专业化分工，天上有『五星七曜星君』（中国民间信仰和道教崇奉的七位星神），从而形成了主管不同行业的神，在古代的官府衙门，根据自身功能的需要，也就有了不同的行业神，具有不同的祭期、祭品、仪注和祝词等。

## 马神庙

马神庙中供奉的马王为三目四臂，俗语说的“马王爷三只眼”，即指此神。在交通不发达的古代，马匹是交通、作战的重要工具，人们对马由感恩到崇拜，于是出现了马的神格化。马神，又称马明王、水草马明王、水草大王等，早在周朝时就有记载如何祭祀马神的史籍。《周礼》中记载的马神祭祀非常隆重，“周制以四时祭马祖、先牧、马社、马步诸神”。到了近代，四时祭祀简化为每年一次，祭日是农历六月二十三。《京都风俗志》载：“六月二十三日祭马王，京中畜养驿马之人、馆家及机关皆举行之。马王纸像供奉于桌上，前列钱粮、蜡烛、香炉、水果、鸡、鱼、羊头之类……神祃上写‘水草马明王神位’，神像下绘一供桌，桌前绘一小马，并供清水一碗，净草一小斗，以示专诚供此马王。每届此时，极为热闹……”到了明清以后，地方衙门祭祀马神甚至被列入国家典仪之中，带有浓重的官方色彩。

民间流传一种供奉马神的步骤：第一，先请一个马神像，神像的材

马神庙

质铜造的、瓷造的皆可；第二，马神像需经有道行的法师开光，配合追财符等，才会灵验；第三，祭品方面，一碗清水、一扎青草便可；第四，安放方位，适宜安放在驿马位或财位，每年驿马位和财位都是不同的。

## 马王殿

马王殿是祭祀马王爷的庙宇。马王爷，全名叫水草马明王，也称灵官马元帅，又称华光天王、华光大帝、花酒马灵官等。马王爷有三眼四臂，端坐在神台中央，头戴元帅盔，身披龙袍，内着铠甲，腰系玉带，脚蹬战靴；额上竖眼珠圆玉润，横眼炯炯有神，肋下四只手分别执剑、托金砖、掌印、拿金轮，护心镜光鉴耀眼，衬得马王爷气宇轩昂、神态刚毅、面目惊人。其像左右各站一侍卫小神。两侧各有水草、桥神、路神、先牧、马社、马步神像。

据《三教源流搜神大全》载：马王是如来身边的至妙吉祥，因为毁了“焦火鬼坟”，违反佛家慈悲为怀的教义被罚下凡，赐三只眼投胎于马耳山娘娘腹中。他出生后叫“三眼马灵光”，三天便会打架，为除水孽杀死东

马王殿

马王殿神像

海龙王，因盗紫微大帝金枪被困而死。后又“寄灵”于火魔公主，出生时因左手有个“灵”字，右手有个“耀”字，故名“灵耀”。拜妙乐天尊（灵观大帝）为师，学得“风雷龙蛇馘鬼安民”之术，得了三角金砖。大闹琼花宴、火烧南天门后因走投无路，又投胎于鬼子母（送子娘娘），出生后为救母亲，入地狱、步灵台、过丰都、入鬼洞，大闹三界。玉皇大帝看他三次显圣是个将才，天眼可见三界善恶，让他当了真武帝的部将，归入道教神统中，专门惩治人间邪恶，鞭教不轨之徒。

马王爷的神诞是九月二十八，但因他八月初一就由天上下凡，如果八月初一这天下雨，那么这一年的火灾就少。在我国，北方和南方对马王爷的祭祀形式有所不同。

马王爷是神话传说中的人物，“马王爷，有三只眼”，《南游记》里边说他的名字叫作“三眼华光”，那么马王爷的三只眼是怎么来的呢？

据传，某年某月的某一天，玉帝派星日马（马王爷）和娄金狗、奎木狼、虚日鼠下凡巡察善恶。这四个神东南西北各走一方，没几天，先后返回天庭向玉帝述职。其他三个神所报的均是善人善事，说下界一片歌舞升平。

只有星日马查访的善恶之事都有，并且有豪强欺负穷人的事。玉帝听后有所怀疑，就派太白金星下界复查，得知娄金狗等三神所报不实，只因他们在下界贪吃受贿，所以昧着良心说了假话。星日马廉洁奉公，好坏善恶如实奏报。玉帝连声夸他明察秋毫，又赐给他一只竖着的眼睛。从此，马王爷成了三只眼。他目光炯炯、光亮如炬，好人见其亲善，坏人见其颤抖。于是，民间流传一句俗语，“你可知道马王爷三只眼不是好惹的”。

白马祠是马神庙的前身，它的起源就在定州。我国民间对马的崇拜历史悠久，到元代对马的崇拜达到了顶峰。据元末熊梦祥《析津志辑佚》载：“昔慕容氏都燕，筑罗城，有白马前导，因祠焉。”这说明元朝时期仍保留着慕容氏复燕都（定州）时因“有白马前导”所建的白马祠。但当时并未见有马神庙，也没有在礼志中发现官方祭祀马神的记载。明朝建立以来，崇奉“马神”被纳入国家正祀，由官方主持。州县官员负责主持马神的祭祀活动，但是，他们对马神的来历模糊不清。明人陆容在《菽园杂记》的记载中说明了这个问题：“今北方府州县官凡有马政者，每岁祭马神庙，而主祭者皆不知所祭之神尝在定州，适知州送马神胙，因问所祭马神何称？云称马明王之神。”

## 马祖殿

马祖，即天驷星。西周时，古房国较为强大，因而当时星象学家将古房国地界正上方的一颗二等亮星命名为二十八宿之一——天驷星，也叫房星（即房宿），房星是古房国的象征。从天空中的星象来看，东方七宿“苍龙”这一个大星座，是由角、亢、氐、房、心、尾、箕七个星座组成，第四个星座就是房星。诸多神话传说记载，周穆王作为房姓外孙，其当政之时，房星之精曾下凡化为“八骏”，周穆王驾八骏之驹“日行三万里”“东游沧海，西驰昆仑”“四荒八极无所不至”，并曾与西王母相会于瑶台，还借八骏之力平定了当时的祸乱。传说正是天驷星蕴含着神灵之气降临大地，才诞生了马。所以，周朝人把马神叫作马祖，而马祖就是天上的驷星。

马祖殿

马祖雕像

将马与龙联系起来的说法是多种多样的。《孝经说》上有“房为龙马，是马之祖”的说法。天上有天驷星。龙马是古代传说中龙头马身的神兽。《周礼·夏官·廋人》中有“马八尺以上为龙”的说法，因此，龙马又指骏马。《山海经》里讲“马实龙精”，就是说龙成了精就是马。据说，马是一种不眠的动物，所以古人有“在地为马，在天为龙”的说法。龙马精神，也就成了中国人刚健英武、勇往直前的精神写照。《西游记》中的白龙马，就是在天为龙，在地为马，白龙马广为中国人所熟知。此外，自古就有“车如流水，马如游龙”的说法；还有“青云直上马如龙，来往泠然若御风”，以及“马足龙沙，胸有千秋之业”的说法。

## 马王母殿

马王母殿，俗称子孙殿，民间称送子娘娘庙。殿内供奉的是马王之母——鬼子母。传说鬼子母有500个儿子，是汉族民间宗教信仰中掌管生子的神，民间称“送子观音”“送子娘娘”。殿内马王母居中，怀里托一个

马王母殿

马王母雕像

娃娃，两侧各塑一侍女。她慈目善心，传说"妻财禄之祝，百叩百应"，求男生男，求女生女，买卖一本万利，读书金榜题名。为此，民间对马王爷和马王母极为虔敬，旧时州县衙门马神庙都有祭祀。

送子娘娘寄托着劳动人民对美好生活的热爱、向往和追求。据说婚后久不生育的妇女向送子娘娘烧香求子的，无不灵验。求子时摆上香果供品，拈香跪拜祷告，请求送子娘娘赐子于她，然后"搏签"。求得"吉签"，表示送子娘娘愿赐子于她，即起身将事先准备好的小衣裳给送子娘娘怀中的娃娃穿上，然后再拜。得子后，求子妇女还要来拜谢，奉之以油饭、鸡、酒等祭品。因此，马王母殿香火十分旺盛。

## 圣帝庙

圣帝庙，俗称关帝庙、关公庙。关公名关羽，字云长，在其一生，策马横刀、驰骋疆场、征战群雄、辅佐刘备完成三分天下之大业。英勇的关公，成为集忠、信、义、勇于一身的道德楷模，被尊为"武圣"，成了中

圣帝庙

国封建社会后期上自帝王将相，下至士农工商广为顶礼膜拜的神圣人物。关帝庙已经成为中华传统文化的重要组成部分。关公还被尊为武财神，世人尤其是商贾们敬佩关公的忠诚和信义，希望关公成为他们发财致富的守护神。

圣帝庙内供奉着关公的雕像，威风凛凛，两侧供奉的是关公的大将周仓、关平。周仓是关羽的侍卫，日常为他持护青龙偃月刀，上马为将，下马为侍，忠心耿耿；关平是关羽在征战途中收的义子，随着关羽南征北战，战功显赫。

定州的圣帝庙，原在南大街路东，搬进州署的年代无载，明成化弘治年间，定州卫指挥胡锐和其弟胡钪二人重建。正德四年（1509），知州忽忠重修。万历十七年（1589），州人王进道、刘养性和刘芳三人添建并加以修葺。清康熙六十一年（1722），州人刘华率领胡子成、王希舜、王枚、刘辉、梁宸柱、常晫、朱士适、车特达、段发全、张琳、王宣、杨珍、李美、王国治、张良儒、刘继光、吴世琪、梁宗功、庞希贤、郝汝映、马进苍、降怀珉、段文瑛、闫仁远等捐款，在正殿后建了个内殿。乾隆四十年

关公铜像

（1775），知州孔传瀛号召修缮，但没有完工。嘉庆十七年（1812），知州张浮源继前任完成这一工程，并将修缮这一工程的经过刻在碑上。道光六年（1826），知州王鼎洋重立旗杆。道光十五年（1835），知州王仲槐捐俸五百缗，换上旗杆并修建了庙前木牌坊。一座关帝圣殿，就是一方水土民俗民风的展示；一尊关公圣像，就是千万民众的道德楷模和精神寄托。圣帝庙内墙壁上展示着赵匡胤安喜求学的故事。

## 土地庙

土地神的奉祀和土地庙的建立，最早见于东晋干宝撰写的《搜神记》。书中记载东吴赤乌年间，孙权为秣陵尉蒋子文“鬼魂”修建土地庙。早期的土地神带有土地崇拜的色彩，具有农业神和保护神的双重职能，受到从帝王到平民的崇拜和祭祀。宋代以后，土地神（俗称土地公公、土地爷爷）信仰盛行，几乎村村有土地庙，住宅、园林、寺庙、山岳也各有自己的土地神。多数土地庙都塑一个须发皆白、和蔼可亲的老翁，而且还给他配上

土地庙

一个对偶神，称土地奶奶或土地婆婆。也有些地方将历史人物作为土地神，而民间也有某人死后被天帝任命为某处土地神的传说。宋代以后的土地神，实际上是封建官僚机构中低层官吏的缩影。

衙门里建土地庙，是明太祖朱元璋的创举。有人认为，明清官衙大门的东侧建土地祠，称社神，模仿的是儒家左祖右社的宫室。衙有土地祠，村有土地庙，表达的都是一种祈盼五谷丰登、六畜兴旺的美好愿望。传说朱元璋在位的时候，土地庙还另有用处：为了惩治贪官污吏，朱元璋曾下御旨，规定贪污满 60 两银子（也有的说法是 16 两）的贪官就要“剥皮楦草”，即把剥下的人皮套在一个草人上，做成“皮囊袋”，挂在官员的公座上方，使下一任官员“触目惊心”。剥皮的刑场就在土地庙，号为“皮场土地”或“皮场庙”。在明太祖晚年，这种残酷的刑罚被废除，而土地庙却一直保留了下来，成为地方衙门里的第一主庙。

定州署的土地庙，原庙在同知署东边，于清雍正十一年（1733）由知州王大年所建。2015 年古城恢复时，土地庙复建，按旧制仍建在同知署东边。相传，定州署衙里的土地爷很灵验，对前来烧香请愿的人“有求必

土地庙雕像

应”，所以来祈祷的人络绎不绝，香火很旺。一天，城西来了个种果树的人，祈祷不要刮风，因为梨树正在开花，土地爷同意了。果农刚走，从城北唐水岸来了个拉船的人，祈求多吹河风，因为拉水船要借助风力，土地爷也同意了。下午，从城南来了一位农夫，说旱田等着栽秧，请土地爷今晚降场大雨，土地爷又同意了。天黑时分，从城东来了一位穿长衫的人，这几天要出远门，祈求不要刮风，也不要下雨，土地爷点了点头，也同意了。土地婆在一旁听后，埋怨土地爷多管闲事，土地爷微微一笑，说我早已有安排，晚上下雨白天晴，刮风沿水面，不准入梨园。四个祈愿人的请求都得到了满足，人人皆大欢喜。

“贫富悬殊”一词源自土地爷，相传玉皇大帝委派土地爷下凡时，问他有什么抱负，土地爷只希望世人个个都有钱，人人过得快乐。土地婆却反对，她认为世间的人应该有富有贫，这样才能分工合作，发挥社会功能。土地爷说：“那么，贫穷的人不是太可怜了吗？”土地婆反驳说：“如果大家都是有钱人，以后我们女儿出嫁，谁来帮忙抬轿子呢？”土地爷无话可说，这样，世间才有了今天的贫富差别。

## 衙神庙

衙神庙，又称萧曹庙。相传为纪念汉代名相萧何、曹参所建。这二人与刘邦皆为江苏沛县人，亦皆为刘邦之贤能谋士，萧何为刘邦补充兵力、筹办军饷钱粮出谋划策，使刘邦军队所需得以不匮。刘邦即位后，拜萧何为丞相，萧何死后以曹参为丞相，曹参对萧何所定规章，一概遵行不改，保证了国家政策的长期稳定，出现了汉初国力迅速增强、老百姓安居乐业的良好局面。因此世称“萧规曹随”，又并称“萧曹”。由于萧何、曹参二人均为胥吏出身，先后任西汉相国，为地方官吏树立了典范，故衙门内建立萧曹庙，拜萧何、曹参为衙神。朱元璋出身寒门，曾讨过饭，还当过和尚，深知民间疾苦，非常重视国家治理，为了向官员们灌输萧曹二人忠君爱民、勤勉从政的思想，他登基后下令各地县衙兴建萧曹庙，让县令及官员以他们为榜样，效仿萧曹二人的治国方略。于是，全国各地的府县中陆续出现了许多萧曹庙，即衙神庙。

衙神庙

萧何与曹参像

## 狱神庙

衙门里建有狱神庙，庙中的狱神为皋陶，是舜帝时期一位掌管司法的大臣。相传皋陶在掌管司法时，“画地为牢”，成为最初监管犯罪之人的囚禁场所，我国从此就有了监狱。皋陶掌管司法时，“天下无虐刑”，实属难得。一方面，他长得并不慈眉善目，甚至有青面凶神恶煞之相，因而他还被称为“青面圣者”；另一方面，那时的民风淳朴，皋陶对犯人只需要“画地为牢”：在地上用树枝画一个圆圈，把犯人画入其中，在规定的时间内，不许其越出圆圈。皋陶则坐在旁边，对犯人进行说教。而犯人也遵照规定，不敢越雷池半步。随着“皋陶造狱，画地为牢”流传下来，皋陶被尊为狱神，各朝代的监狱多将其奉为神灵。

古代狱官上任的第一件事就是参拜狱神，刚刚被关进去的犯人也要参拜。当出狱时，被释放的囚犯再次参拜狱神，即使死刑犯在临刑前，也要参拜狱神，然后才被正法。在古人看来，监狱是个阴阳分界的地方，死囚生前的最后一段时光就是在监狱中度过的，因此，谁都不愿意死囚身上的

狱神庙

“晦气”沾染到自己身上。

拜狱神，就是请求狱神的保佑，只是不同的人参拜的目的不同：狱官参拜狱神表示自己是替天行道，管教犯人，让狱神保佑自己平安；囚犯参拜狱神是为了求狱神保佑自己能够健康地出去；死囚参拜狱神则是为了求狱神保佑自己投胎做个好人，不再遭受血光之灾。因此，皋陶成了古代监狱里最受尊敬的神灵。



## 大仙阁



大仙，即狐大仙，衙门里的护印神。狐仙信仰在中国古代民间很流行，而且起源很早。汉魏时期，狐仙多称“阿紫”，且是女性形象。三国魏文帝《列异传》中已有“狸髡千人，得为神也”的记载，唐代张鷟《朝野佥载》也说：“唐初以来，百姓多事狐神。房中祭祀以乞恩。食饮与人同之。事者非一主。当时有谚曰：无狐魅，不成村。”在志怪小说中，关于狐仙的故事传说占有大量的篇幅。明清时期，北方民间的狐仙信仰更为盛行，许多人家

大仙阁

供奉狐仙，衙门里也会修建专门的大仙阁保护官府印信（印章）。

知州上任第一天就会进香叩拜，以防止官府印信被盗，保佑自己官运亨通、步步高升、平安吉祥。古代衙门大仙牌位上有护印诗一首：

官清民富乐而康，奉命守印州衙堂。
护佑贤官仕途广，青云直上登龙榜。

原来衙门里的护印神龛不叫“大仙阁”，传说八仙云游到此（即护印神龛）曾将其当作驿站，故名“大仙阁”。八仙是民间流传的八位道教神仙，即铁拐李、汉钟离、吕洞宾、张果老、曹国舅、韩湘子、蓝采和、何仙姑。

八仙所持之品檀板、扇、拐、笛、剑、葫芦、拂尘、花篮八物为“八宝”，代表八仙。他（她）们分别代表着男、女、老、少、富、贵、贫、贱，由于八仙均为凡人得道，所以个性与凡人较为接近，为道教中重要的神仙代表。故衙门将“八宝”图案绘入大堂屏风，以示“仙人指案”、断狱无妄、永保平安。

大仙阁里的雕像

## 官印的演变与管理

### 印章的称谓

在我国，不同的历史时期，印的名称不同。秦以前，王、侯、民所使用的印，统称为“玺”。秦统一六国后，皇帝的印信称“玺”，官、私所用印信称“印”。汉代，官印有了“章”和“印章”的称谓。因紧急军务或战事而临时任命的将军的印章称为“急救章”，又称“凿印”。唐初，武则天因“玺”音接近死，改“玺”为“宝”。唐中宗复为“玺”，官、私所用印则有“记”“朱记”“图章”“押”“花押”等名称。南宋时发行的纸币上均印有“合同”的字样。明清时，皇帝的印信称“玺”，其他官、私所用印则称“关防”“符”“契”“条记”“图记”“钤记”“印”“信”等。

### 印章的管理

秦汉魏晋，官印为官员之印，而非官府之印。官员随身携带印章，除

中山府印

非因犯法、罢官等缘故被追缴外，升官、调职或告老病殁，都可带走。秦代自丞相太尉到郡守县令，都由国君在任命时授予官印，同时配发穿系在印纽上的丝带（绶）。晋代，印绶制改为印囊制，将官印装进印囊后佩在腰间。各朝对印的管理都很严，凡丢失、私制或盗用官印者要被依法严惩，各级官员凭印绶当官。直到南朝实行官印移交制度，将官印作为某个部门或某级机关行使权力的信物，官印才完全成为施政机关的公章，这就同现代的“公章”概念相通了。

### 印章的使用

清代州县衙署盖印操作细则在《各行事件》中有记载：用印，先看稿上画行未画行（画行即主管长官签字），次看师爷图章。无稿不行，无行不印。如有不明之事，叫书办问明，方可用印。每日所用之印，须记明何事。要设立号簿，以备查考。用印有一定时间，如有紧要者，则随时盖用。凡上行文件都要在正面上方盖“天印”，凡下行文书都要在年月日上盖“正印”；凡检验尸体的“尸格”，每一页都须在文书下方盖“地印”，填注致命伤痕处的要用“速印”；凡收地丁钱粮的凭单串票，盖印时还要将串票倒放，谓“倒倒用印”等。

### 衙门里的封印、开印制度

古代衙门使用印信，都有一定之规，并建立了一整套完备的封印、开印制度。以清代为例，规定一般衙门从腊月二十左右4天之内择吉日封印，到正月二十左右3天之内择吉日开印，照例办事。封印、开印的具体日期由钦天监决定再通知各官府，封印、开印时都必须在大堂举行隆重的仪式，以表示封启印信的严肃性和使用印信的公开性。

# 第八章 州署监狱

定州署的监狱位于州署坤位，即西南方，是一个独立的院落。按照阴阳学说，东属阳，西属阴，为此，古代一般都将监狱设在衙门的西面。狱神庙的题联很有深意：『尔违条犯律，罪有应得；吾发奸擿伏，歧途指返。』管狱员署在监狱北面，即吏目公署，道光二十八年（1848），吏目詹作周建起了徒犯房。

狱神像

## 监狱渊源

在中国古代，完整的衙署还包括监狱，它是执行国家制裁职能的重要工具。清朝时，从中央到地方各级衙署都设置了监狱。监狱和班房都是羁押犯人的地方，前者比较规范，后者则是临时性的羁押地方。但后者的作用不可低估，特别是到了清末，班房则见证了清代司法的混乱和吏制的腐败。

监狱的称谓很多，早先有“夏台”“羑里”“圜土”“囹圄”之称，汉唐以后统称“狱”，明朝则称“监”，清朝时才合称“监狱”。监狱是对刑事罪犯人员执行刑罚的场所，清代的监狱也是对未决人犯实行强制羁押的地方。

## 监狱结构

监狱是一个独立的院落，围墙之厚为衙门建筑之最，墙头上还栽满荆棘、苍耳子（刺儿棵）。监狱的黑漆大门终日关闭上锁，一到晚上还要封上盖有府官大印，并有管理监狱的典史甚至知府本人画押的封条，到第二天早上才由典史验封打开。

关于监狱的结构，清律中作了一系列的规定：清代监狱规制设男监、女监、地牢、天网等。各级监狱一般设内外两监，“强盗并斩绞重犯俱禁内监，军、流以下俱禁外监，再另置一室以禁女犯”。一般衙门在院落的北部盖一幢重监，监禁重罪囚徒、死罪囚徒。院落的南面是轻监，关押拟判刑或罪行较轻的囚徒。有的府、县监狱还专设女监。监房和当地普通的房屋没什么两样，只是窗更小、墙更厚，很多地方的监狱墙是砖砌的，防止囚徒挖墙逃跑。

监狱院落还有一个狱厅，是管监狱的牢头、禁卒的办公场所。中心往往盖有一个狱亭，是一个瞭望亭。

清代的监狱都有一座狱神庙，允许犯人在进监狱和出监狱的时候去拜狱神。这是当时监狱里的一个风俗，体现了人文关怀，也起到了维护封建统治秩序的作用。

据有关资料考证：班房原是三班衙役的值房，设在官衙旁边，衙役拘捕、传唤来的人犯、干连佐证，怕他们逃脱，就把他们临时关押在自己的班房里，以随时听候长官升堂审理。

但是到了清朝中后期，班房的性质发生了变化，由临时关押的地方成为专门羁押人犯的班房了。班房由原来的几间增加至十几间甚或几十间，位置也不局限于大堂前。由于在清代刑事诉讼中，不仅案犯、嫌疑犯要被拘捕，乡邻地谊、干连佐证、事主尸亲也都要被强制性地拘传或传唤，而这些人又不是正式的人犯，加上当时没有类似今天看守所性质的羁押处所，因而衙役拘捕到人犯后，常将嫌疑犯、证人关押进自己的班房。这使班房实际上成为衙役私设的看守所。“班房成为封建专制统治的一种象征，各地私设的班房比比皆是，以致人们将班房作为监狱的代名词”“班房也不是个别现象，实际上成为不可缺少的第二监狱”。

由于这些班房不是正式设置的，没有法律约束，有些衙役借此敲诈勒索、凌虐在押人员，私刑泛滥，“其黑暗甚于监狱”。

## 监狱制度

按照清朝的制度，犯人在审判前都要被关押于监狱之中，但审判完毕后，就要领受相应的惩罚，有的被斩首，有的流放充军、发配边疆，有的当堂责打几十大板就被释放回家。可以说，当时监狱关押的都是等待判决的人犯，府、县衙门监狱接近现在的拘留所性质。

清代监狱对犯人的管理有着严格而细致的规定。比如，在监囚犯每日各给米（或杂粮）一升，给棉衣一件，病则给医药。斩、绞重犯及军、流、发遣犯在监以及解审发配都着赭衣（紫色囚衣），每季剃发一次，但须留头顶心一片，作为标记。未结案、待质（听候审问）的监犯严禁亲属探视；结案后各犯探视也须严格登记；盗犯家属不许入监探视，违者枷号两个月，责打 40 板，妇女还要照例收赎。再如，法律严禁囚犯脱逃，越狱被捉获的逃犯，仍发原配所，手戴铁杆锁，劳役更重。

清代的监狱制度有章可循，只是规定虽有，但鲜有按照规定执行的。所以，府、县衙门监狱入狱人犯常常不分轻重必械手足，木笼、大镣、重枷交相使用，牢头狱霸威胁索贿，名目繁多，而且牢房狭窄、杂居拥挤、墙垣污秽、衣被破烂，犯人过着非人的生活。

监狱自设立之日，就成了一些牢头狱卒的发财场所，凡是新进监狱的犯人都要奉上一份“孝敬”，否则就会受到虐待，后果比被府、县官员打顿板子还要严重。

狴犴

狱门狴犴（bì'àn）：州署监狱门口塑有狴犴雕像。狴犴，传说中的兽名，形似虎，龙生九子之第七子。它平生好讼，却又有威力，狱门上部那虎头形的装饰便是其图像。传说狴犴不仅急公好义、仗义执言，而且能明辨是非、秉公断案，再加上它的形象威风凛凛，因此除装饰在狱门上外，还匍匐在官衙的大堂两侧。衙门长

狱门狴犴

官的官衔牌、肃静牌和回避牌的上端，便有它的图像，它虎视眈眈，环视察看，维护着公堂的肃穆正气。狴犴既是牢狱的象征，又是黎民百姓的守护神。

# 第九章

# 定武书院

## 定武书院概述

定武书院，原名奎文书院，成立于清乾隆三年（1738），由知州姚立德在城内北街创建，当时有讲堂三间，学舍数十间。继姚立德之后，对书院加以重修的人是知州沈鸣皋。乾隆五十九年（1794），知州郭守璞重修。嘉庆二十三年（1818），知州袁俊将书院改名为奎文书院。道光二十八年（1848），知州宝琳捐资修葺，恢复了定武书院的原名，从此以后聘请山长（即院长）为生徒讲课。州同劳沅恩为书院撰联“风月夹名城，大夫造就人材（才），须知一品题便作佳士；华年输矮屋，诸子考商文学，敢云三折肱即是良医”，并将客厅命名为“友石轩”，于道光二十九年（1849）在此为《定州志》撰序。咸丰七年（1857），知州王榕吉订立《经理章程》，规定院务“经官绅议定，俱由绅士经理，所有董事分监院、营造、催收、支发，各司其事”，监院“专管供应山长，稽查生童”，其他则管房舍修建、租谷收取、经费支发。又订《课士条规》，规定每月官、斋课各一次，生员取二十五名、童生取十五名。咸丰九年（1859）将聘请

定武书院

定武书院正厅

山长之权归于绅士，规定“耆宿非畿辅人，文不得与取方言”者方可充任院长。时又增建南院、经舍、讲堂，筹钱3000缗、纹银500两，发商生息，以增膏火。据不完全统计，定武书院自乾隆三年（1738）成立到光绪三十年（1904）的160多年间，定州生员经科举考试，共出进士26人，举人212人。

光绪二十六年（1900）以后，官民都倡导维新，书院改称学堂。光绪二十八年（1902），知州王忠荫接受州绅王振尧、谷钟秀和定武书院绅董王延伦、王维新等人的建议，改定武书院为定武学堂，即中学堂。当时各府、州、县都尚未举办学堂，独有定州学堂里的学生众多，在畿南地区首屈一指。不久又定为官立中学。那时学堂开支浩繁，校长李鸣铎在宣统二年（1910）买地二亩，把中学往东扩到州署续阅古堂、自新所的北边，建房舍20多间，叫作西斋。在东边又建房30多间，叫作东斋。

民国二年（1913）省公署会议决定，在省内设立中学，以推广教育。官立中学改为省立第九中学。民国四年（1915），买校南民宅，添建食堂。

后为直隶省立定县中学。民国五年（1916），变卖官柳后添建讲堂、房舍，又改建大门，建图书馆，校名为直隶省立第九中学。民国七年（1918），把学校周围空地 10 亩辟作校园和体育场。民国十年（1921），又添建南斋。1932 年更名为省立定县初级中学。1937 年定县沦陷，校舍被日寇所占，学校停办。1946 年 9 月，复校名为河北省定县中学（简称省中）。1947 年 2 月，更名为冀晋定县联中，后为冀中区定县中学。1948 年，更名为冀中区第四中学。1950 年更名为河北定县中学。1952 年更名为河北定县初级中学。1954 年更名为河北省定县中学。1955 年更名为河北省定县第一中学。1986 年，定县改为定州市，将学校命名为河北定州中学。1996 年，定州市委、市政府把定州中学的建设定为“九六一号工程”，由原占地 73 亩扩至 160 亩，建起了一栋面积达 1.6 万平方米的 6 层教学大楼。2013 年，定州升为省直管市，定州市委、市政府实施了“恢复古城、建设新城、改造旧城”的“三城”战略。2014 年 10 月，定州中学迁至位于市东北部的定州中学新校区。在定州中学原址恢复建起了千年中山古都标志性的建筑——定州署。州署内一座崭新的定武书院又展现在世人面前。

定武讲堂

## 定州古代应试高中名人

### 射策制

在古代，有一种选士制度叫作“射策”，它是以经术为内容进行考试的一种选士方式。西汉时，射策分甲、乙、丙三科，射策者随意解答，按其难易而分优劣。东汉只分甲、乙两科。魏晋南北朝时，孝廉、明经等选士科目的经术考试仍称“射策”，也称“对策”，二者区分不大。隋朝初期（581—604）仍沿用射策制。

定州历史上射策高中者为北魏的刘桃符，他性恭谨，好学。举孝廉，射策甲科。

### 科举制

从隋朝大业元年（605）开始实行科举制，到清朝光绪三十一年（1905）最后一次科举考试为止，定州科举高中的进士有73人，其中状元8名。

唐朝（8人）：崔湜、赵冬曦、郎士元、崔护、刘禹锡、崔元翰（状元，三元及第）、崔液（状元）、崔曙（状元）。

宋朝（3人）：程颢、甄徇、高赋。

金代（7人）：曹溥、李范、刘焕、石琚（状元）、李偲、史绍鱼（状元）、刘瑑。

元朝（2人）：张升、赵致安。

明朝（21人）：李溥、刘文庄、刘文焕、刘济、刘澍、张镐、张焕、赵彦章、赵教、吴道直、李守贞、李士昌、尹世昌、张锝、沈维藩、宋儒、杨廷爱、戚勋、夏宗禹、曹敕（状元）、吴增贵。

清朝（32人）：郝浴、郝林、王之枢、郝承炳、郝诚杰、管余庆、张乐田、颜文楷、杨照藜、杨荣隰、李逢春、王瑚、安文澜、王延纶、冯士杰、姚平章、王冕、米振邦、谢斌、王鉴、薛三纲、李万清、马善宝、何明德、薛联奎、冯德华、李英魁、马开昌、马福昌、张诒、邢敦行（状元）、邸飞虎（状元）。

# 第十章

# 州署古治

## 衙署官邸

官邸是古代皇家为一定级别的官员提供的在任期间居住的住所。朝廷向赴任官员提供住房的官邸制，大约在秦汉之际逐渐趋向制度化。据《汉书》记载，曹参封爵列侯，食邑平阳，曾列相位，其长安的“相舍后园近吏舍”。这里所说的“相舍”与“吏舍”，都是由朝廷提供的用于办公居住一体化的官邸。隋朝承袭汉制，官府衙门大都坐北朝南。只要是朝廷册封的官员皆可携带家眷上任。官员的妻儿老小通常安置在后衙居住。可见，官邸制度在中国古代已有数千年了。地方官员在所任州县衙门中免费居住是他们的一项权利。明清时期的州县衙门中诸如书吏这样的基层官吏和上级长官一样，在衙门内也居有其屋。这主要是为了防止他们出入衙门结交当地的土豪劣绅，扰乱吏治。所以明代的州县衙门中划出了专门的院落以及专门的房舍供书吏们居住，这种房舍称为“吏

桂香室

舍”。这些基层官员也跟着他们的上级长官一起享受着官邸制带来的好处，住房可以不用付房租。

官邸制虽然给在任官员带来了居住的便利，但是，历代朝廷对此也是有严格规定的，官员的住房标准，是由朝廷按照级别分配的。如一品官员可以居住 20 间房舍，形同小型的王府；二品官员可以居住 15 间房舍，三进三出的大院；三品官员可以居住 12 间房舍……以此类推，七品县官只可以居住 4 间房舍。如果官员住房超出标准，或者搞豪华装修，就要受到严厉查处。

## 衙门陈设

### 栅栏

栅栏是古代衙门常见的一种防护隔离设施。比如，北京大栅栏，早在明代，为了防范鸡鸣狗盗之徒，官府就把百姓居住地用栅栏围起来，并在北京很多街巷道口建立了木栅栏。据《钦定大清会典事例》记载，雍正七年（1729）批准的外城栅栏 440 座；乾隆十八年（1753）批准的内城栅栏 1919 座，皇城内栅栏 196 座。通过设立栅栏，将整个官府建筑群与周边的环境分隔开来，其防范措施很像现代城市中设置的交通隔离栏。这种设施在

栅栏铜棍

汉代叫作行马，亦名鹿角，宋代俗称行马杈子。从清末《点石斋画报》等图像资料看，这种防范措施一直沿袭到晚清时期。

### 更道

古代衙门建筑，殿堂之间都留有一个夹道，这个夹道称作更道。顾名思义，更道便是供更夫打更巡查所用的通道。夜间，天已交更，更夫上夜后沿着更道路线打着灯笼、敲着梆子，顺更道巡逻。该关的门关上，该锁的门锁上。更道又称火道，起着防火的作用。一旦失火，有更道相隔，火势就不会从此院烧到另外的院落。有更道相通，灭火抢救的人员往来也更快捷方便了，可见更道还发挥着消防通道的作用。

### 跪石

衙门大堂、二堂都有跪石，东侧为原告跪石，西侧为被告跪石。跪石反映了中国的礼仪变迁和审判制度的改革历程。中国封建礼仪的一大特点，就是为维护封建等级制度和宗法制度服务，因而礼仪中处处体现着尊卑差别，最让这种尊卑差别凸显的，当数行跪拜之礼了。封建社会，臣子见皇帝，要行三跪九叩的大礼；百姓见官员须先行跪拜；下级官员进见级别相差较大的上级官员时要行跪拜礼；晚辈拜见长辈要跪地磕头请安。这种礼仪一直沿用到清末，在礼仪改革风尚的推动下，清政府《大清律例》中规定原被告都站立申诉，沿用千年的跪石才退出历史舞台。

放告牌

### 放告牌

古时地方衙门受理诉讼，叫作放告。官府开堂受理案件的公告牌，叫放告牌。地方官上任后，每月初五、初十悬放告牌让有冤屈的人到衙门告状，也有的衙门将每月逢三、逢六、逢九定为诉讼日，清末则大多为逢三、逢八，称为“三六九放告”或“三八放告”。放告时地方官直接受理案件，以防吏役舞弊。按照儒家的传统观念，诉讼不可提倡。诉讼更不能耽误农时。为此，康熙皇帝制定法律，规定每年四月初一到七月三十日为止讼期，除了谋反、叛逆、盗贼、人命之类的重大案件，所谓户婚土田等细小案件一概不准受理。因此，每年四月初一，地方衙门大门两侧就会竖起“农忙”“止讼”的牌子，不再放告。

### 转斗

清代衙门的门禁比较严，衙署内宅一般情况下夜里是不开的。如果有紧急案件或者十万火急的公文投递怎么办？《公门要略》在叙述门卫职责时有个说法：“倘有外来紧要文檄，令由转桶传进，即时拆看，不可延搁。”这个转桶，就是转斗。也就是在门扇上安一个可以旋转的圆桶，一半在门外，一半在门内，其使用方式和今天银行出纳柜台上的特殊设备有点类似。清黄六鸿《福惠全书·莅任·宅门告示》说：如吏书传送佥套或紧急文稿，许击梆，从转斗内投进。佥套也是官府中使用的一种封套，内装送主管长官签押的文件。

转斗是衙门公务繁忙的象征物，若官员能避开转斗的干扰，那就会一身轻松了。因此，李渔在《比目鱼》中说：“莫说我做官的人，离了职守，无拘无束，竟与神仙一般，就是做管家的离了转斗，也便放心乐意，做起醉汉来。”

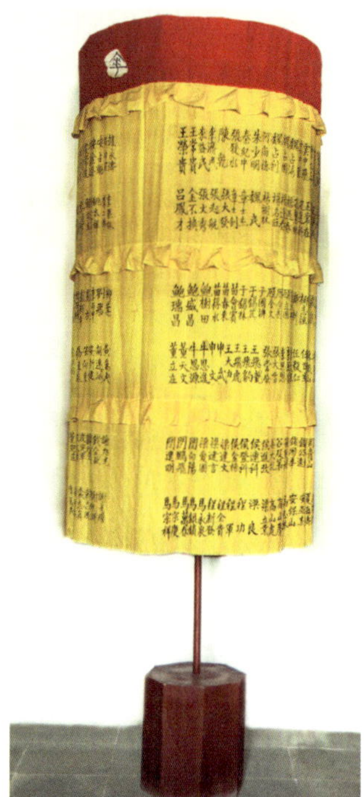

万民伞

### 万民伞

万民伞，也叫红罗伞、红绣伞，是古代地方官员离任时，百姓和乡绅为了感谢他在任期间对百姓的恩德所赠送的纪念物。送伞的寓意是表示境内绅民都曾得到这位官员的庇护。初期的万民伞，周围缀满小绸子条，一个条上签一个人名，表达对父母官的感念。后来用绸缎做成伞形图筒，简化为由专人书写千百人的名字，名曰“万民伞”。这种礼品，不让离任官员带走，而是摆放在大堂两侧，以示期盼下任官员能多为民办好事。后来，赠送万民伞演变成地方乡绅讨好上级官员的常见方式。《糊涂世界》卷十载：“在任时第一要联络绅士，要晓得地方官这些万民伞、德政牌，并不是百姓送的，百姓一样出钱，却亦不能不出钱，出钱之后，绅士来还官的情。”

### 官靴匣子

官靴，也叫朝靴，清代官靴的靴面用缎子布做成，厚底、长筒，与老百姓的尖头靴有所区别。官靴匣子就是放官靴之匣。定州署仪门内墙壁上所挂的官靴匣子是宋代苏轼离开定州时所留下的。宋元祐八年（1093）九月，苏轼以两学士的身份出知定州。九月二十七日离京，十月二十三日到达定州。定州乃北临契丹的军事重镇，但边备松弛，将骄卒堕。苏轼到任后立即整军纪、修营房、惩贪官、赈灾民，并组织弓箭社（即全民皆兵），发展农业生产，引进新稻种，传播新技术，为当地老百姓办了很多好事，深受百姓爱戴。翌年（1094）闰四月初五苏轼离任，离任时，百姓都舍不得让他走，送行时百姓脱掉了他的官靴，留下来以作纪念，此事被传为佳话。后来演变为大凡地方官员离任，不管清浊贤愚，总用这套送别仪式。在官员出城之前，事先组织好绅民拦路挡道，请官员伸出脚来，替官员脱掉官靴以作纪念。脱下来的靴子带回衙门，还要做一个靴匣装起来，涂上油漆之后，钉在仪门的山墙上，为的是“千年遗爱，后官来看”，等下一任官员离任时再换一双。此仪式沿袭到清代，后来索性在木匣外面画上一双官靴，算是某官遗爱在此，官靴匣子也就成了衙门的一个摆设。

按清代规矩，官员离任时都要举办一些欢送活动，比如让老百姓或地方绅士送个万民伞，搞个脱靴遗爱的仪式等，表明该官员曾经在这里为官并给老百姓带来过恩惠。

三尺法桌、笔架

## 三尺法桌

衙署的公堂上，放有一张桌案，桌上摆放着文房四宝及捕签、刑签、惊堂木等审案所需之物，俗称“三尺法桌”或“三尺公案”。其实，这桌案也并非三尺长，也非三尺宽。那为什么叫三尺法桌呢？这是因为古代文字都是写在三尺长的竹简上的，故法律代称为“三尺法”。衙门的公堂是主官依据法律审理案件的地方，为强调官员审案时要依据律条而不能随心所欲，故把审案所用的桌案与三尺竹简结合，称为“三尺法桌”了。

## 惊堂木

古代大堂公案的三尺法桌上置放着一块惊堂木，位置非常醒目。在古代戏曲或影视中，主审官员震慑受审人时，会顺手拿起置于印信旁的一个木块，猛击桌案，大喝一声。于是，堂威大震。这一用来击案的木块，就是惊堂木。

惊堂木早在春秋战国时期就开始使用。惊堂木并无图案，为方便起见，将其顶面刻成弧形。从唐代开始，惊堂木上雕刻动物图案，有龙、虎、狮等。清代以结实耐用为主，多用高档红木如紫檀、酸枝、黄花梨、鸡翅木等。北方也有用桑、枣、黑槐木制作的惊堂木，这些木材质地坚硬、纹理细腻，敲击桌案时声音响亮。惊堂木在我国历史上绵延使用了几千年，是我国衙门司法的一个见证物。

### 官印盒

衙门公堂上常见一个官印盒，即收储官印之盒，之所以摆在公堂上，是要告诉百姓该官员是朝廷命官。封建王朝任命官员，必授予玺印作为权力的凭证。所谓“官凭印信”，就是这个意思。衙门之中，印信保管是重中之重。按清制，官员印信如有窃失，有印官革职，若能自行拿获，也要以失窃时间长短给予不同的降级处分。

### 圣旨架

衙门大堂之上一般要摆上圣旨架，这是为了显示皇权的威严。圣旨是历代帝王下达的文书命令及封赠有功官员或赐予爵位时颁发的诰命或敕命

圣旨架与官印

（生者为封，死者为赠）。明清定制：一至五品用诰命授予，六品以下用敕命授予。因为所授官员级别不同，所以颁发的诰命圣旨和敕命圣旨的颜色也不一样。五品以上圣旨布料的颜色有三色、五色、七色之分。所用布料都是绫锦丝织品。为皇家提供圣旨布料云锦的机构，明代叫内织染局、神帛堂等；清代专设江宁织造、杭州织造、苏州织造等机构。圣旨的长度并没有严格的硬性规定，长的可达 500 厘米，短的为 200 厘米，宽度一般为 33 厘米。明朝圣旨只用汉字书写，清

代圣旨则是满汉文字合璧。明清两代的诰命和敕命都由翰林院撰拟，文字端庄秀丽、圆润飘逸，行文极为洗练，几乎达到了无可增删的程度，具有极其珍贵的史料价值。

### 签筒　红、绿头签　签票

签筒及筒中的红、绿签

衙门大堂、二堂的屏风前，高出地面一尺设台，衙门公案摆放在上面。公案上摆放着文房四宝和签筒，签筒内插着红、绿头签。红头签是用刑的刑签，绿头签是用来下令捕人的捕签。一个签筒容积是户部颁定的一斗米容积，一支签子长度是一尺，碰到缺斤短两的经济纠纷时，可以拿来当量具，当场评判或责罚。当然这只是其中的一种说法而已。签票是清代衙役拘拿被告的一种凭证文书。地方官派遣衙役拘拿被告，便发给签票，以此作为官府拘拿被告的凭证和依据。清人黄六鸿在《福惠全书》卷二说，签票“用纸一方，刊印同票式，前刻一皂隶形象，手持一牌”，上写“原告自拘，抗违拿究”八字，回到衙门后即销毁作废。

## 衙门信息器具

清代衙门里传递信息的器具有两类：一类是信牌工具；另一类是报时器具。信牌在《大清律例》中有明文规定：“凡府州县置立信牌（其主要作用是拘拿人犯、催促公事），量地远近，定立程限，随事销缴。”同时也规定：差人违牌限，“一日，笞一十；每一日加一等，罪止笞四十”。对于府州县官遇有催办事务却不依律发信牌，而安排自己的亲属或者县乡村坐守催并者，则要处“杖一百”的责罚。

报时工具主要有五种：鼓、钟、梆、点、锣。每一种工具都有各自的特殊含义和用途，具体如下。

## 鼓

衙门里的鼓分三种：门鼓、堂鼓和更鼓。

**门鼓：**仪门前陈放着一架鼓，叫作门鼓，也称鸣冤鼓。这鼓与古代的登闻鼓有关。古代帝王为了听取臣民谏议或冤情，在朝堂外悬鼓，允许臣民击鼓上闻，叫作登闻鼓。魏晋南北朝时期，皇帝为了加强对司法审判权的控制，不仅直接参与或干预司法活动，还建立了直诉制度。从晋武帝时开始在朝堂外悬置登闻鼓，允许老百姓击鼓鸣冤，直接向朝廷申冤。清代中央机关通政司和步军统领衙门都设有登闻鼓。这些机构在某种意义上来说类似信访局。所以各地方衙门在仪门外都设有鸣冤鼓，供老百姓鸣冤报官之用。尽管老百姓可以击鼓喊冤，但“无故击鼓，惊扰听闻”，也会受皮肉之苦。

堂鼓

**堂鼓：**置于大堂的鼓架上，主要用来宣布官员升堂问事、退堂回衙等事宜。

**更鼓：**设在鼓楼上。古代将日落至日出划分为五个时段，每个时段称为一更，合称“五更”，每更的时长按季节而有所不同。每天晚上转更之时，就要擂一通更鼓报时。

钟

## 钟

定州署的谯楼二楼便是钟鼓楼。钟鼓楼是钟楼和鼓楼的合称。在没有钟表计时的古代，古人便在宫廷、地方衙门或城市中心建起了钟鼓楼，用以报时。西周和汉代是“十二时辰制”，先秦把昼夜各五分，为“十时辰制”。宋代将十二时辰各分为时初、时正两个阶段，一个时辰称为一个“大时”，“初”和“正”分别称为“小时”，这就是一天24小时的雏形。后演变为“地支纪时法”，即把一昼夜分为十二等份，每一等份为一个时辰，共计十二个时辰，十二时辰用地支十二个符号表示：子、丑、寅、卯、辰、巳、午、未、申、酉、戌、亥。每个时辰恰好等于现在的两个小时，正好与24小时相吻合。清朝时把每夜划为五更。黄昏为戌时（19—21时），叫作定更，又称作起更；亥时（21—23时）叫作二更；夜半子时（23时—凌晨1时）叫作三更；丑时（1—3时）叫作四更；寅时（3—5时）叫作五更，又曰亮更，即天明之意。

梆

古代击鼓撞钟都是有讲究的。定更及亮更，要先击鼓，后撞钟，二至四更，则只撞钟不击鼓。击鼓的方法，是先快击18响，再慢击18响，称作“紧18、慢18”，快慢各击3次，共计108响。钟之撞法与击鼓相同。每晚戌时定更，钟声响城门关，交通断，叫作净街。击鼓撞钟定为108响，其含义：一是古时用108响代表一年，一年有12个月，二十四节气，72候（古代以五日为一候，六候为一月，一年有72候）正是此数；二是古代官员上朝用的朝珠都是108颗；三是寺庙里的和尚做佛事用的念珠为108颗。在古代，钟鼓之声是催促文武百官勤于政务、提醒百姓辛勤劳作的号令。

云板

### 梆

梆是衙门里最常用的“响音”工具。大的梆子挂在木架上，称为“悬梆”，小的拿在手里，称“手梆”。多是用被挖空了的木头或竹筒制成，二者都是衙门里使用最普遍的报时、集众器具。

### 点

点也称云板，是衙门皂隶打更、报时时所用的工具。为一块两端云头状的扁形铁片，悬于木架上，用梆头敲击会发出清脆的声响，其音调高可以传得很远。点多挂在府衙内宅门，由知府长随掌管。

古时贵族家庭也用其作为报事、集众的信号。

### 锣

锣的主要作用是鸣锣开道，锣有时还用作衙门报警之用。

府衙里的鼓、钟、梆、点、锣五种工具，是互相配合、各司其职的。比如，传头梆：内宅门打点七下，含义是“为君难为臣不易”，听到这一信号，寅恭门、仪门、大门上的衙役即敲一通梆子（或擂鼓或放爆竹），三班六房衙役胥吏幕友准备到衙门当班。传二梆：内宅门打点五下，其含义是“臣事君以忠”（或“仁义礼智信”“恭宽信敏俭”），书吏们必须全部到岗“点卯”（点名记录）。传三梆：内宅门打点三下，意为“清慎勤”，寅恭门、仪门、大门依次传声，表示长官要出内衙宅门，各部门书吏、衙役都要肃立恭候。

到了傍晚，内宅长随（仆役）打点三下，各门依次传梆，六房书吏、攒典汇总一天公务，交承发司登记封存。不值班的书吏、衙役可以离衙回家。

白天衙门点、鼓、梆敲得有板有眼，晚上鼓、梆依然传得有时有节。夜晚每更还要有更鼓报时，每更又均分五段，每段为一“点”，打点一下，更夫则在衙门内巡逻敲梆报点一次。府衙监狱则另行巡逻，以锣和梆子与巡夜人保持联系。一般的巡夜方式为：每更三名禁卒同时巡逻，监房内一人提锣，监狱内一人提铃，监狱外一人用梆，每走十步击打一下，发一次信号，先锣、后铃、再梆，“周而复始，不许断续，亦不许铃梆乱响”。

## 知州要事定制

二堂的东西两壁展示着古代“知州要事定制”。“知州要事定制”是根据历朝历代统治者的需要演变而来的，到了清代，衙门已经形成了一些相对固定的规范。二堂的东西两壁择其要序，进行了展示。

**到任：** 新任知州，抵达任地接篆（交接官印）办事，叫作到任。新官到任，不许约结多人远迎，违者罚例俸 6 个月。如新任官员令其远迎，照上司令属员出界远迎罚例俸一年。新官上任由东门进城，取紫气东来之意。原任官员带书役数人，在交接处等候，呈送新官须知册籍，其余书役概令随印交代。

**宣誓：** 新官到任时，本州的官吏、师生和父老等俱要出城到接官亭迎接。进城后将家眷安置在衙署，新官先到城隍庙里斋宿沐浴，备牲酒祭礼及有关器物。第二天天亮，新官穿朝服祭拜城隍，赞礼官唱："跪，行三献礼！"行礼毕，唱："读祝！"执事官取祝跪读，其祝文曰：

> 维某年月日，某官奉郡来官。务专人事。主典神祭。今者谒神。特与神誓。神率幽冥。阴阳表里。予有政事未备，希神默助。使我政兴务举，以安黎民。予倘怠政奸贪。陷害僚属。凌虐下民。神其降殃。谨以牲醴致祭。神其鉴之。尚飨。

读毕，唱"一跪三叩首"。祭毕，引赞将新官引至公署仪门前下马。祭仪门，从仪门中间甬道入内。衙门中先在大堂站台望阙陈香案供品，礼生引新官到香案前，行三跪九叩首礼，谢皇恩毕，入署内宅祭祀灶王神。祭毕，出堂入公座，准备受拜。

**排衙：** 州署陈设仪仗，全署官吏依次参拜新官的仪式。礼生报时辰毕，衙役将书案抬到新官面前，六房经承吏典拿卯册点卯，官吏僚属，人人都要拱手画卯。画卯完退，回各自廨舍换上常服，复来公堂拜见新官。衙役、吏典、僧道官、阴阳生、医官、学官等依次从下到上，都行两拜，知州揖答礼，参拜毕随押公文，检点各项事务。新官将三牲果酒等用来酬谢众官吏，然后传谕署内秩序，接着解散堂事，新官赴土地庙，祭祀土地神，然后准备接印理事。

**接印：** 新官接印时，先传谕礼房书吏准备好香案、香纸、鞭炮等物，传二三梆，打点一下，知州先登仪门行一跪三叩首礼，升坐大堂，由司印将印信验明，如印信完好，即行交接。手续完毕，由佐贰僚属备办果盒醴酒，于公堂上共同拜贺新官。新官到任交接，庆贺仪式到此结束。

**查界访绅：**知州到任，首先要查阅地界版籍，拜访各路乡绅，了解周围村庄疏密。掌握属地山水田土，风俗民情，税粮户口，刑狱案犯，衙役何人妥当，士绅何人开明，何人横行霸道、欺压乡里等情况，便于施政治理，然后张榜安民，晓谕境内军民，严禁私铸银钱、强抢盗窃等事，违者严惩不贷。

**坐堂：**州官在大堂或二堂听讼断案或处理事务称为坐堂。古时坐堂实行“只日视事，双日不坐”（摘自《宋史·礼志》），即单日坐堂办公，双日不坐堂。

**打春：**农历立春之日，官府将泥制的春牛放置于衙门前，衙署官员带领部署及群众在丹墀举行打春仪式。在春牛芒神前摆放的香案上，供有香、烛、猪、羊、牛、酒等祭品。全城百姓执彩旗、敲锣鼓、吹唢呐，拥向州衙。知州面北而跪，众官吏随之跪下，知州三献酒，献毕，赞礼官诵读祝文。礼毕，行一跪三叩首礼。而后，知州开始打春牛，随之众人也跟着打春牛，将春牛打碎，众人纷纷将春牛的碎片抢回家，视之为吉祥。此仪式有鞭策老牛下地耕田的“催耕”之意，随后州官率众到先农坛祭祷，并躬耕先农坛土地，为农事做表率。

**劝农：**春季，知州要标牌确定日期下乡劝农。春种秋收季节，知州单骑简从亲自督促商贾行旅之人都到田间劳作，劝告大家力戒奢侈浪费，向父老乡亲表示重视农桑的殷殷心意。农忙时，严禁衙役胥吏下乡滋扰百姓。州衙对于民间鼠牙雀角轻微细案概不受理，怕的是牵连民众，贻误农时。知州还要督促农民及时开垦荒地，植桑种麻，以尽地力。

**赈灾：**灾荒导致经济衰退，破坏百姓生存环境，引起社会动荡不安。历朝历代均有一系列救灾制度和备荒措施。清代的救灾程序是报灾、勘灾、审户、发赈等。救灾措施是蠲免、赈济、调粟、借贷、除害、安缉、抚恤、荒政（即放宽政策、散利、薄征、缓刑、舍禁）等。备荒措施以修建常平仓为主，辅以社仓、义仓。若本州发生灾情，知州必须迅速勘察，据实上报，请求赈灾和蠲免赋税。如灾情严重，知州可先开仓散粮赈灾，然后向上司禀报。

**引见**：引见制度自清初确立以来，就受到历代皇帝的高度重视，并成为一项重要的政务活动。官员的引见程序：由吏部尚书、侍郎带领，地点主要在乾清宫或养心殿，若皇帝巡幸各地时，引见在行宫进行。引见之时，皇帝升御座，吏部尚书、侍郎跪于御座一侧，将引见单呈皇帝阅。然后，受引见官员按班次顺序入殿，并跪奏自己的姓名履历。皇帝在简短的交谈中，通过观察官员的身材相貌、言谈举止、人品操行，得出自己的直观印象，并用朱笔在引见单的开头写下对受引见官吏的评语、升迁降格意见。引见结束后，皇帝将引见单发给军机处拟旨。

**礼节**：古代官场讲究礼仪，官署衙门大都在大门之内设第二道正门，即仪门。在大堂、二堂的屏风上设可供开启的隔扇，这是供重大礼仪活动穿堂而过之用。仪门是主人迎送宾客的地方，不同品秩的官员相见，有其繁杂的礼仪程序，一般品秩相当的官员来署，主人要到仪门外相迎，宾主从仪门而入（宾走西阶，主走东阶），共进大堂。

**祈祷**：知州除了决讼断案、征收赋税、宣传文化、赈灾济贫、劝民农桑、课业生徒、祭祀天地等事务外，还要亲自率领属下做祈祷事宜，向神祷告求福、祈雨消灾等。一旦所管辖的范围内发生灾情，各级官吏就要向神灵、上苍祈祷以消灾减祸，为黎民解除苦难，以达到长治久安的目的。这样，祈祷也就成了知州和各级官员的一种责任。

**宣讲圣谕**：依据清制，每月朔（初一）、望（十五）日，各地方官员都要召集官民，定点亲自宣讲圣谕，并举行隆重的仪式，以示统治者对教化的重视。每月初一、十五，早上卯时，知州身着马褂，鸣锣开道，前往城隍庙。众人将公案、圣谕排位，钟、鼓等安放妥当。听讲者按尊卑长幼次序排列，知州公服端坐，不出一语，形同木偶，由礼生、绅士敬请知州通读《圣谕广训》，知州循例拈香拜牌宣讲。官民人等听完解散。

**离任**：官员因调动、被参、降革、休致、丁忧、告病等原因，按制需离开现任职位时，称作离任。哪种人员须即令离任，哪种人员须批准后方能离任，均有制度规定。例如，州官在任时遭父母丧须离任回家守丧者，不得即行送印，须听候谕旨到，方准离任；凡革职、休致、降补以及丁忧、告病人员，可一面具题上报吏部，一面委员收取印信署事，即令离任；督抚提请调简人员不必等候吏部复文，即可离任，调繁人员，须经吏部复议准许，方离原任。

**交接：**官员离任时，必须将经办各项事件向新任官员交代清楚，办妥交接手续，方能离任。交代时，前任官员将应交代事项按规定时限和要求准备妥当，新任官员进行清查核对，称为交盘，即交接盘点之意。交盘定限、范围、手续等均有规章，违者处分。

在具体交接时，应将钱粮征收、刑名案件、仓库库存、城垣完残等案卷留交后接办，如有遗失损坏、盗取篡改，都要受到处分或者治罪。

**离任送别仪式：**常言道，“为官一任，造福一方”。官员离任时总要有人来送行。除了赠送匾牌、刻立德政碑以外，最常见的送别方式是送“万民伞”和“脱靴遗爱”。久而久之，万民伞和官靴匣子就成为衙门不可或缺的摆设了。万民伞多设于衙门大堂内，而官靴匣子则多悬挂于仪门次间的墙壁上。

## 衙门法刑

### 三法司

三法司，即刑部、大理寺、都察院，是全国最高的司法机关。

**刑部：**编制最多，日常工作最繁重，以尚书、侍郎为正副长官。执掌全国“法律刑名”，管理地方上诉案件；审核地方上报的重案和发生在京师笞杖以上的案件；同时也审理中央官吏的违法案件；决定流刑案件。

**大理寺：**其司法事务无刑部繁重，人员编制较少。正副长官称大理寺卿、少卿。执掌复核刑部的流刑案件；若刑部审理不当，大理寺可驳回重审。

**都察院：**除司法事务外，还主管监察，所以编制较大理寺多，主管官员称左都御史、左副都御史。监督刑部、大理寺的司法活动和发生的严重错误。清朝的监察机关不仅监督司法机关的审判活动，而且也接受诉讼，审理有关案件。

## 诉讼

清代普通的民事案件当事人，原告称原造、控告人、首告人，被告称被造、被控人。原被告双方合称“两造”。告状的书面文书称诉状、状子、呈词等。犯罪人员在案发前主动到衙署交代犯罪事实的行为称为自首，可以视其情节酌量减刑或免刑。

民事诉讼的受理有“务限”的规定，清代自四月初一起至七月三十日止，州、县衙停止一切民事诉讼案件的办理，为的是不影响农忙，但重大刑事案件不在此限。务限指州、县受理的诉讼，知州与知县审办案件不得随意拖延时间，寻常命案限6个月，盗案等限4个月，田土户婚案限20天，逾限，例有处罚。轻则罚俸禄，重则会革职、流放。

衙役传当事人到衙门受审，叫传唤。若传唤不到予以拘提。严重刑案则直接拘提。传唤和拘提除两造外，还有证人和四邻。有关赃罪还须衙役搜赃物、禁物。在被告未服罪或案情尚未审理清楚之前，原被告不许放回，都被关入班房或待质所，随时听候传讯，称羁押。

衙门派人逮捕罪犯应持票拘捕，否则无效。对重大案犯，须在1个月内捕获归案，如逾期，知州或知县谓之失职，并视情节轻重予以处罚。

知州或知县坐堂审案称堂断、断决、勘结。知州或知县定案的批语称批示、判词、判语等。对犯罪事实供认不讳，立服辩文状称服辩、甘结。乡邻、干证出具的保释文书称保状。按判决结果实施叫执行。笞杖罪由原判机关执行；徒流罪由州、县衙决配发遣；死罪由刑部各司将勾单连同榜示钉封，送兵部发驿文到州或县衙，由州或县衙行刑。执行期限，徒流刑应发配的，州县衙不能稽留，延迟一日笞三十，三日加一等；死刑复奏批下后，逾期执行的，一日杖一百，二日加一等；未满而执行的处徒刑一年。

## 过堂

过堂，指当堂点名听审。这是清代的说法，清代以前这种审讯被称作讯或讯狱。在古装戏剧里经常看到：官员高坐在公堂之上，旁边有书吏做审讯记录，两边的差役手持讯杖。惊堂木一响，签票一扔，衙役们的吆喝之声震荡公堂，使被审讯的人惊恐万分，有的还没用刑就赶紧招了。过堂讲究策略和手段，古代过堂审案时有“五听”之说，就像中医诊断病人的望、闻、问、切一样，是审案中的五种审讯技巧。“五听”即“辞听”，分析被告供词；“色听”，观察被告脸色；“气听”，观察被告呼吸；“目听”，观察被告眼神；“耳听”，观察被告听力，看被告的注意力是否集中。“五听”审讯法是主审官在侦查审讯实践中长期的经验积累，这种方法自发地把心理学的知识运用于司法实践领域，具有一定价值。

过堂时，一般不给师爷在堂上设座位，而是在堂后的屏风听审，师爷如发现供证有漏洞，即叫门子传话给审案官员。提示官员如何抓住漏洞，一举突破被告的心理防线，或提醒官员不要意气用事。

### 刑讯

过堂的过程中，地方官为了尽快结案或者徇私，往往使用刑讯。清朝，获取口供施用刑讯的刑具有笞杖、枷号、夹棍、拶指等。笞杖既是五刑中的基本刑罚，又是刑讯中的“正刑”。夹棍，用来夹人犯腿部。拶指，用来夹女犯手指，由于夹、拶刑是重刑，因而适用于命案、盗案等案件。清代对刑讯刑具的制造及使用都有着严格的规定，《钦定吏部处分则例》曾就此作了专门的说明：“凡用刑衙门所用刑具，务皆按照定例式样制造，在外直省州县令该管府州道于盘查时，将州县所用刑具详加查验，稍有不遵斤两尺寸，违例造用者，即行揭参，将州县官照擅用非刑例革职……府州州道员不行揭参，降二级调用，如已经揭报而督抚不参，即将该督抚降二级调用，至在京问刑衙门有不遵定式制造者，用刑官照州县例议处，该堂官照督抚例议处。”清代规定可以使用的刑讯手段包括拧耳、跪链、压膝、掌责等：“凡问刑各衙门一切刑具，除例载夹棍、拶指、枷号、竹板，遵照题定尺寸式样，官为印烙颁发外，其拧耳、跪链、压膝、掌责等刑，准其照常行用。”古时候，口供是定案的主要依据，所以刑讯逼供的现象屡见不鲜。

## 秋审、朝审和热审

秋审，顾名思义，就是每年秋季要对各省的死刑案件进行一次复审。这是古代为防止出现冤假错案而形成的一种办案制度。凡严重危害皇权统治的犯罪，应立即处决的，叫“斩立决”或“绞立决”，如危害较小或可疑者，可暂判“斩监候”或“绞监候”，缓期处决。秋审案件主要是地方上的斩监候及绞监候案件，每年秋审前，各省督抚对有关案件先行审核或审讯，以供秋审参考。

朝审，是明清两朝由三法司会同五部九卿等衙门对京城死刑案件进行复审的一种制度。明代，每年霜降以后，将三法司在押重囚，引至承天门外，三法司会同五部（吏、户、礼、兵、工）九卿衙门、锦衣卫各堂上官及科道逐一审录，叫作“朝审”。清代规定于秋审后不久（霜降），刑部把已判处死刑尚未执行的案件，会同大理寺等机构集中审查，朝审后将未决案分为“情实”（罪情属实，罪名相当）、“缓决”（案情虽属实，但危害性较小，留待下一次秋审或朝审时审核）、“可衿”（案情虽属实，但情节不严重，可免于处死）、“留养承祀”（情节虽较重，但父母、祖父母年老无人奉养，可免于处死）四类。经刑部会同大理寺等机构集中审核后奏请皇帝裁决，除“情实”奏请执行外，其余三类均可免于死刑。

热审，是每年小满后十日至立秋前一日，由大理寺左右二寺官员会同各道御史及刑部承办司，对发生在京师的笞杖案件进行复审的一种办案制度。

秋审、朝审、热审的创立，是古代统治者对“慎刑”司法理念的一种制度性探索与体现。采取这种制度有两个作用：一是通过各部门的共同参与，增强了案件处置的多元性与透明性，可以比较有效地减少冤假错案的产生；二是为皇帝在对司法权的掌控上提供了较多选择。秋审和朝审最后的裁决权在皇帝，由于有了时间上的间隔与多部门的参与，这就使皇帝能够听到更多的意见，在选择处置该轻还是该重上有了更多的回旋余地，特别是为统治阶级内部的一些人物进行“法外施恩”或“罪加一等”时可以找到台阶和理由，而这个责任又可由当初提议的人予以分担。可以说，这种制度让皇帝在使用司法权上有了很大的“伸缩性”。

## 处决死囚后“排衙”

处决死囚一般被认为是大“不吉”的凶事。奉命处决死囚后，为了驱除邪魔鬼祟，州官首先要到城隍庙去上香，然后回到衙门举行排衙仪式。州官回来不先进宅门，先在大堂前下轿，坐到公座上，随从人员两边排开，有一衙役跪在大堂中间高喊“大老爷天喜”，州官才离开公座，走向宅门。宅门备好鞭炮，州官一脚踏进宅门，就鞭炮齐鸣。通过这些活动，就认为是驱除了一切污秽、不吉利的鬼祟。

## 三堂会审

三堂会审是古代对一些重大案件由三法司进行复审的一种会审制，即刑部、大理寺、都察院三家司法机构的长官共同审案。

秦汉时，中央设有三公，即丞相、太尉、御史大夫。丞相掌政务，太尉掌军务，御史大夫掌监察。唐代，监察机构内部形成了严密的三院制，监察御史可以参与司法审判，重大案件由皇帝“则诰下刑部、御史台、大理寺同案之”，此种审判制度一直延续到明清。明代，改御史台为都察院，与刑部、大理寺合称“三法司”。凡刑部、大理寺、都察院三家共同审理的案件，谓之“三堂会审”。三堂会审后，三家机构长官要作出统一的审判结果。地方政权机构的最高长官，如知府与同知、通判共同审理的案件，也称为“三堂会审”。

## 六亲

六亲，即六种亲属。“六亲”之说，历来不一。《周易·家人》中指父子、兄弟、夫妇。《汉书·贾谊传》中指父母、兄弟、妻子等，古书诸说不一，唯有父子相同。现在公认的六亲指父、母、兄、弟、妻、子，泛指一切亲属。

## 八议

古代的“刑不上大夫”，充分体现了皇室宗亲、达官贵人在司法上享有的特权，什么人可以享受这种特殊优待，历朝历代都有明确的规定。“八议”源于西周的“八辟”，在曹魏的《新律》中首次入律，这一维护封建特权的制度一直沿用到明清。所谓“八议”是指法律规定的八种人犯罪，一般司法机关无权审判，必须奏请皇帝裁决，由皇帝根据其身份及具体情况减免刑罚的制度。

一为议亲，指皇亲国戚。

二为议故，指皇帝的故旧。

三为议贤，指有大德行之贤人君子。

四为议能，指才能卓越的人。

五为议功，指为国家开疆拓土建立大功勋者。

六为议贵，指上层贵族官僚。

七为议勤，指为国家服务，勤劳有大贡献的人。

八为议宾，指前朝的贵族及其后代。

## 十恶

“十恶不赦”通常用来比喻罪大恶极、不可宽恕的人。“十恶”原指十条大罪，始见于《北齐律》。隋唐把十条大罪的内容略加增删，正式定名为“十恶”，写在法律最前面，以示严重。宋、元、明、清各代都规定犯了“十恶”罪不能赦免。古代“十恶”罪的内容如下。

一曰谋反，指企图推翻朝政。这历来被视为“十恶”之首。

二曰谋大逆，指毁坏皇室的宗庙、陵墓和宫殿。

三曰谋叛，指背叛朝廷。

四曰恶逆，指殴打和谋杀父母、伯叔等尊长。

五曰不道，指杀害无罪者或杀人后又肢解尸体的行为。

六曰大不敬，指冒犯帝室尊严。通常为偷盗皇帝祭祀的器具和皇帝的日常用品，伪造御用药品以及误犯食禁。

七曰不孝，指不孝顺祖父母、父母，或在守孝期间结婚、作乐等。

八曰不睦，指谋杀某些亲属，或女子殴打、控告丈夫等。

九曰不义，指官吏之间互相杀害，士卒杀长官、学生杀老师、女子闻丈夫死而不举哀或立即改嫁等。

十曰内乱，指亲属之间通奸或强奸等。

“十恶”大罪都是直接侵犯君主专制制度的统治基础和封建国家统治秩序的行为，所以把它们列为重点打击对象，不能赦免。凡犯有“十恶”大罪者，皆处以重刑，不能享有议、赎、免特权，故称“十恶不赦”。

“十恶不赦”是古代封建社会的产物，其内容有一部分在今天是不能接受的，但由于“十恶”成为“不赦”之罪，影响极深，因此人们一接触到罪恶大、不可宽恕的事情，很自然地就称为“十恶不赦”，不杀不足以平民愤。

## 族诛

族诛是古代一人犯罪，累及亲属也被杀戮的一种残酷刑罚。有诛三族、诛九族等刑罚。诛三族，一说诛父母、兄弟、妻子，一说诛父族、母族、妻族。后世所说诛九族，指诛杀上自高祖、曾祖、祖父、父及本身，下到子、孙、曾孙、玄孙的亲属。也有包括异姓亲属的说法，即父族四代、母族三代、妻族两代。

## 秋后处决

古代被判处死刑的人，除重要罪犯或在非常时期应立即执行之外，一般经三法司审理后报请皇帝“勾决”的死刑犯羁押在监狱，待到一定时候才能处决。清代以前，执行死刑的时间，大多在秋后。这是因为，从阴阳学上讲，春季气候温和，草木萌生。夏季炎热，万物茂盛，最适宜奖赏之类的活动。而秋季以后，天气转凉，草木凋零，呈现出一派肃杀气氛。此时行刑，正是顺应天地肃杀之威。在中国历史上，除了秦朝时一年四季都可以执行死刑外，其他各朝代处决死刑犯都是在秋后执行，这就是人们常说的“秋后处决”。

## 午时三刻

旧时将一昼夜分为十二个时辰，每一时辰合两个小时。以十二地支为名，夜十一时至一时为子时，即夜半者子也，鸡鸣者丑也，平旦者寅也，日出者卯也，食时者辰也，隅中者巳也，日中者午也，日昳者未也，晡时者申也，日入者酉也，黄昏者戌也，人定者亥也。十二时辰又划为一百刻，古代用漏壶计时，一昼夜为一百刻（一刻相当于现在的 14.4 分钟）。时和刻是两种计时单位。午时三刻就是中午十一时四十五分，接近正午，这时也是一天之中阳气最盛之时。古人认为，因违反国法而被判处死刑者，其鬼魂会来纠缠判决的主审官、监斩官和行刑的刽子手，死者是阴魂，故在阳气最盛的“午时三刻”行刑，可以镇住鬼魂，防其作祟。

## 息讼歌

世上有事莫结怨，人也安然，己也安然。
听人教唆到衙前，告也要钱，诉也要钱。
差人奉票有捕签，锁也要钱，开也要钱。
地邻干证车马连，茶也要钱，酒也要钱。
三班丁书最难言，审也要钱，和也要钱。
自古官廉吏不廉，打也要钱，枷也要钱。
唆人本来为腰缠，赢也要钱，输也要钱。
当尽家产卖尽田，争志也难，争气也难。

食不充口衣不全，子也熬煎，妻也熬煎。
世事看来莫见偏，屈也受蔫，辱也受蔫。
教子读书与耕田，名也安全，利也安全。
民众切记此歌言，行也安然，坐也安然。
乡党和气结一团，愿你也然，愿我也然。
从此邻里无争端，张也省钱，李也省钱。
刁民若有不听劝，子也惩办，父也惩办。

## 古代刑具

定州署二堂的左右两侧是展示刑具之场所。东边摆放着笞、杖、拶子和械镣，西侧摆放着枷号。这些都是清代的法定刑具。

古代衙门里用于刑讯问案的刑具有很多，统称“五刑”。“五刑”之说，最早见于《尚书》，帝舜时命皋陶做五刑，即墨、劓（扒）、剕（刖）、宫、大辟。其中，墨刑又叫黥刑、刺字，即在犯人的额上刺字，并涂墨为标志。劓刑，即割掉犯人的鼻子。剕刑又称刖刑，即砍掉犯人的脚。宫刑，即残害男犯的生殖器，破坏女犯的生殖机能。大辟，即死刑，包括腰斩、车裂、杀（秦以前把割头处死叫杀）。各朝代不尽相同，隋代始以笞、杖、徒、流、死为五刑，延续至明清。

## 清代法定刑具

清代律令规定的刑讯种类主要有笞、杖、枷号、夹棍、拶指等，亦为法律所认可的刑讯工具。这五种刑具通常被认为是正刑。除此之外，常用的刑具还有站笼、腿铐、脑箍、匣床、老虎凳等。《大清律例》对笞、杖等的用刑程度都有明确的规定，分出等级，不能随便超越。同时，对狱中使用的刑具尺寸也有严格规定。下面分别作一介绍。

**笞、杖：**是击打犯人的脊背、臀腿部所用的大小竹板，统称为板子。由竹篾削去粗节毛根制成。这种刑罚早在奴隶社会就有，《家语》云：“舜之事父，小杖则受，大杖则走。”《国语》云：“薄刑用鞭扑。”犹今之杖刑者也，蚩尤作为虐之刑，亦用鞭扑。源其滥觞，所从来远矣。“杖重于笞，用大竹板。”清代的规格：笞，称为小竹板，头阔一寸五分，小头阔一寸，重不过一斤半；杖，称为大竹板，大头阔二寸，小头阔一寸半，重不过二斤，大小竹板均为五尺五寸。用竹板打人时，行刑人手握板的小头，击打受刑者的臀部。具体行刑数量按“四折除零”折算，笞二十，四折为八，以五为准，除去三，实打五板；如笞四十，即四四一十六板，除去一板，实打十五板；笞五十，实打二十板；若杖一百，实打四十板。

笞、杖是五刑中的基本刑罚，又是刑讯逼供的正刑。刑讯逼供在法律上也有一定规定，囚犯因刑讯致死的，要处评审官杖一百至流刑三千里的刑罚。例如，按规定州官只有处以杖一百的权力，然而在公堂上打死人的事例比比皆是。笞、杖在形式上虽有轻重，但在实际使用中并无限制，“薄责二十”“重责四十”，全凭当堂立断。而在刑事案件中，笞、杖可以作为刑讯工具，也可以作为轻刑人犯的刑罚；在民事审判中，笞、杖往往当作对败诉者的责罚，同样也可看作是对狡黠者的追供。

**夹棍：**又称夹帮、三木，用来夹压犯人小腿的刑具，人称“三木之

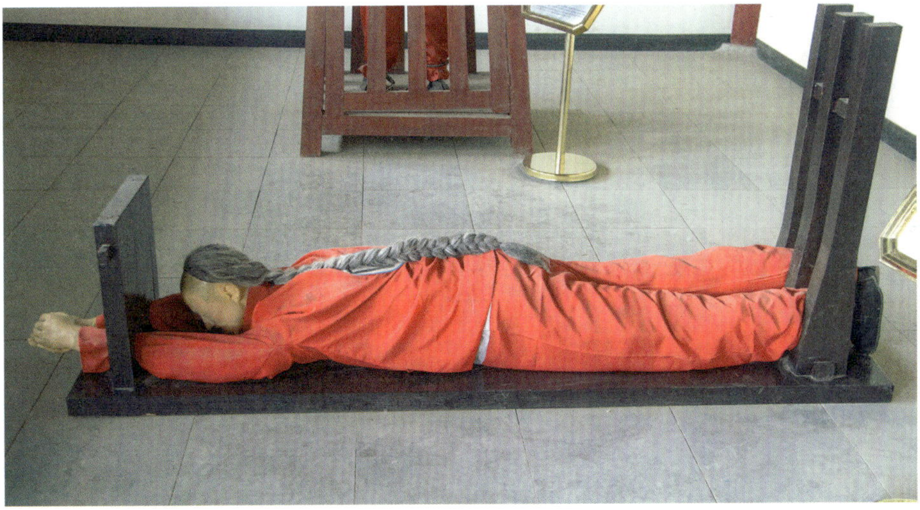

三木夹棍

刑”。此刑最早见于宋代。南宋理宗时，监司、郡守擅置狱具。《宋史·刑法志》载：“反缚跪地，木草并施，交辫两股，交两令狱卒跳跃其上，痛深平髓，几于殒命。”明代改“夹帮”为“夹棍”，清代沿袭。《钦定大清会典事例·刑部·名例律》载：“命盗重案，供辞不实，男子用夹棍。”夹棍用梃木三根，中梃木长三尺四寸，两旁木各长三尺，上圆下方，圆头径一寸八分，方头各阔二十。从下量至六寸处，在三木四面相合处凿成圆窝四个，径一寸六分，深十分，尺寸长短刻于中梃之上。用刑时将犯人绑在梃木上，用旁木穿以皮条夹犯人腿。审理强盗、人命等重案时，不吐实情者方准使用，但限定不得使用超过两次。地方各级衙门使用的夹棍，必须呈请上一级验明、烙印、检验官府名称。

**拶指：**是清代审讯女犯常用的夹手指刑具，用五根圆木贯以绳索制成，每根圆木各长七寸，径圆五分（后改为四分五厘）。施用拶指时，套夹犯人四指，急速束紧，使犯人痛不可忍，以达到招供之目的。拶指由五根小圆木组成，各长七寸，圆径各四分五厘，皮条穿上，夹犯人手指。

夹棍、拶指是重刑，清律规定，只有案情严重的命盗案件才可以使用。强盗、人命及情罪重大案件，正犯及干连有罪人犯，或证据已明，再三详究，不吐实情，或先已招认明白，后竟改供者，准夹讯外，其别项小事，概不许滥用夹棍。若将案内不应夹讯之人滥用夹棍，及随系应夹之人

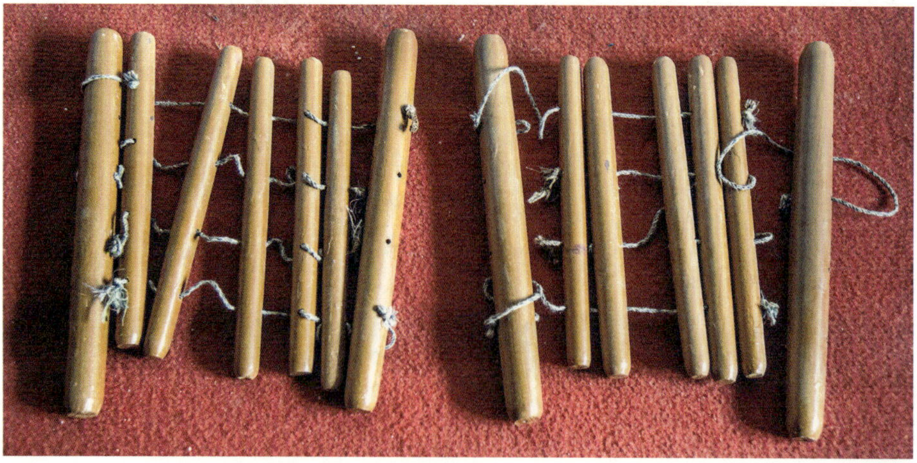

拶指

因夹致死，并恣意迭夹致死者，将问刑官题参治罪。若有别项情弊，从重论。清律限定了夹、拶的使用，只有三法司和各省督抚按察司和府县正印官才可动用，其他衙门“不准擅用”。

**械镣：**简称镣，亦称铁索、铁链，是清代用以束缚犯人腿脚的一种刑具。铁镣连环重一斤，徒罪以上戴镣，以下的不戴。如果给人戴上腿铐，需保持跪姿才能使身体平衡，但时间长了以后，人腿的血脉流通受阻，双

脚镣

双人枷

腿会变成残废。

**枷号：**木制，戴于犯人颈项。晋代开始出现枷号。《晋书·石勒载记》载："会建威将军阎粹说并州刺史、东瀛公腾执诸胡于山东卖充军实，腾使将军郭阳、张隆虏群胡将诣冀州，两胡一枷。"两胡一枷，即后来二人联枷之始。隋《开皇律》对枷的大小规格有规定。唐代有盘枷。清初，凡窃盗、犯奸、赌博、逃军、逃流及其他犯罪行为的，均可酌量加枷，并出现了三人联枷。

清代木枷长二尺五寸，阔二尺四寸，普通的重25斤，加重的重35斤。枷在犯人颈部，以示惩戒。在审判中，犯人若不招供，使其戴枷，迫其认罪。但一般而言，枷号常用来惩治事关伦常、风化的案件，使犯人立于衙门口或闹市，既处罚、羞辱犯人，又教训、惩戒其他人。清朝的枷号没有限期，一般为数日或十数日，但重者有戴枷号三月、半年、一年及两三年者，甚至有终身戴枷号的犯人。

除此之外，清律"准其照常行用"的刑讯还有拧耳、跪链、压膝、掌责，特别是掌责（打耳光）用得很广泛。随着清王朝政权的腐败加剧，刑讯在审判中往往变得更加严酷，恶化成普遍的滥刑。到清朝中后期，笞、杖无度，滥用夹拶非常普遍，各地所创法外之刑不胜枚举，如小夹棍、大棒槌、连根带须竹板、木架撑执、悬吊、敲踝、针刺手指、数十斤大锁、并联枷、荆条击背、脑箍、匣床、站笼、魁点斗、奴沙架、饿鬼吹箫等。常用的刑具主要有站笼、腿铐、脑箍、匣床、老虎凳等。

站笼

**站笼：**又名立枷，是一种

封建酷刑。此刑将犯人直立在特制的木笼内，笼上端是枷，枷住犯人的脖子，把头露在外面，脚下垫砖若干块，受罪的轻重和苟延性命的长短，全在抽去砖的多少，如果全部抽掉，不多时就会失去生命。《老残游记》第三回中写道：“玉佐臣是能干的，只是太残忍些，未到一年，就站笼站死两千多人，难道没有冤枉吗？”第五回写道：“曹州府衙门口有十二架站笼，天天不得空。”《清朝野史大观》也记载：浙东某太守署大名府知府，捕盗至曹州边界，顺便拜见曹州知府，“甫至署门，见左右各列站笼四架，睹其枷人颈处，油腻厚殆寸许，盖必站死人百数始有此状。”

**老虎凳：**是旧社会监狱的一种刑具。行刑时把受刑者双腿并拢伸直，用绳或铁索把大腿绑在长凳上，然后往脚下垫砖，使双腿抬高，垫砖越高，双腿越疼。此刑会给受刑者造成极大的痛苦，甚至骨头被折断。

**木马：**也称木驴，是古代惩罚“不守妇道”的女性的一种残酷刑具。木马有很多种，一种是一段圆木，下面安四条腿，像张凳子，“凳面”是圆弧形，上面布满顶尖向上的铁钉；另一种“凳面”上竖着一根木阴茎。用刑时将女犯按坐在刑具上，为防止其负痛挣扎，用铁钉把两条大腿钉在

老虎凳

木马

木马上，其惨状目不忍睹。

清代还创设了迁徙、充军、发遣（将罪犯发往边疆地区，充当驻防官兵的奴隶）、凌迟、枭首等刑罚。所有这些惩罚手段都有特殊的行刑工具，也是衙门刑具中不可缺少的组成部分。

# 第十一章

# 州署名典

## 永定驿烈妇救刘秀

### 刘秀巡河北

西汉末年，王莽毒杀汉平帝刘衎后，于公元 9 年自立为帝，改汉朝为新朝。不久群雄并起，爆发了绿林、赤眉起义。汉高祖的九世孙刘秀，当时是南阳的豪族粮商，他与兄刘演加入绿林军讨伐王莽。公元 23 年，拥刘秀族兄刘玄为帝，恢复汉朝，改元“更始”。刘秀率军在昆阳（今河南省平顶山市叶县）大败王莽的十万大军，名声大振。当年九月，义军攻下长安，诛杀王莽。十月，更始帝进驻洛阳，刘秀被封为破虏将军行大司马事，持节北渡黄河，镇慰河北州郡。

### 王郎赶刘秀

刘秀离开邯郸后，邯郸有一个占卜人王郎，冒充成汉成帝刘骜之子——刘子舆，自立为帝，不少郡国都信以为真。王郎便以天子的身份发号施令，传递檄书，用十万户侯作悬赏，捉拿刘秀，“赵国以北、辽东而西，皆从风而靡”。在河北一带广为流传的“王郎赶刘秀”故事，就此拉开了序幕。

### 食宿永定驿

更始二年（24）正月，因为邯郸王郎已经崛起，势力正处巅峰时期，刘秀为避其锋芒，北向蓟州（今北京、河北等地）巡视。时值天寒地冻、众皆饥疲，幸而滹沱河结冰，方得过河。行至卢奴，天色已晚，便食宿在永定驿。

### 卢奴收耿弇

刘玄建立更始政权后，撤换了一些郡县官员。上谷太守耿况因是王莽任命的官员，心中忐忑不安，命 21 岁的儿子耿弇到洛阳贡献方物，以固己位。耿弇走到宋子县（今赵县），时逢王郎在邯郸起事，进路受阻，从吏孙仓、卫包又投奔了王郎。耿弇孤身一人，无法完成父命，听说刘秀在卢奴，他便北上进见。刘秀见耿弇是上谷太守耿况之子，任命其为门下吏。

### 英雄遇明主

耿弇年少英俊，刘秀十分喜爱。耿弇向刘秀诉说了自己的意愿，请求回上谷说服父亲发兵攻取邯郸王郎。刘秀听后大笑说："想不到小孩子还有这么大的抱负！"于是加以恩惠，并决定带他一同赴蓟州。后来耿弇在大战柏人、围攻巨鹿、斩杀王郎、收编铜马、击破青犊、镇压尤来等"复兴汉室"中立下了赫赫战功。

### 驿站遇凶险

正当刘秀在永定驿站住宿之际，一日，邯郸王郎发来追剿刘秀的檄文，张贴在驿站进出口。驿卒们发现住宿者就是檄文中要擒杀的刘秀，便密谋欲在夜间动手，杀掉刘秀，而后携带其首级去投奔王郎请赏。刘秀等人大难临头，危在旦夕。

### 张布妻救驾

驿夫要擒杀刘秀的密谋，正巧被前来寻夫的永定驿卒张布之妻听到。张布之妻是个非常明事理的女子，她曾听父亲说刘秀不是一个平庸之人，便把听到的消息偷偷告诉了刘秀，刘秀听后大惊失色。张布之妻机警而沉稳地把刘秀和耿弇藏在车上，趁无人之机送出驿站，让他们在黑夜之中逃走了。

### 夜奔鸡鸣台

刘秀、耿弇得救之后，连夜逃奔，直跑得精疲力竭、饥饿难忍。忽见一个高台上有几户人家，他们走进这个小村庄的郭黑家讨得一点饭食，狼吞虎咽后准备启程。忽听到几声鸡鸣，天色将明，他们匆忙向北赶路。刘秀登基后，这个小村庄改名为"鸡鸣台"，至今仍沿用。现在村南的马连道就是当年刘秀的遛马道，村内现保存着的郭园井就是刘秀为该村修建花园时所凿之井。

### 幸卢奴寻恩

刘秀和耿弇向北逃到了蓟州，耿弇劝服父亲耿况和渔阳太守彭宠，二郡会师发兵南下。更始二年（24）攻中山国，拔卢奴。在中山，诸将劝刘秀上尊号，刘秀考虑尚不成熟，第二年于鄗（古县名，今河北省柏乡县）即帝位，改元建武。刘秀称帝后，封姐夫邓晨为中山太守，并诏命其在卢奴寻访恩人，但始终未果。建武四年（28）五月，刘秀再次巡幸卢奴，仍未找到恩人下落，这成了他的终生憾事。

### 烈妇垂青史

皇帝寻无踪，青史却留名，华夏史籍宝库圆了光武帝刘秀的感恩梦。历代定州（县）志都记载了张布之妻的救驾之事，传到清代，道光年间《直隶定州志》载："某氏，驿卒张布妻，失其姓，光武徇河北，时为王郎所追，夜宿永定驿，驿卒将杀之，以应王郎，其妻识光武非常人也，载诸车而逃之。惧布责己，携其女投城南濠中死。"仅仅63个字，就使中山烈妇张布之妻成为定州浩瀚历史名人的群星之一。

## 安喜县张飞鞭督邮

这是东汉末年发生在定州安喜县一个妇孺皆知的故事。中山卢奴人张世平与中山大商苏双，每年往北边贩马。一次，二人各集资千金贩马到涿州，见刘备相貌非凡奇特，就以多金资助，送良马50匹；又赠银两500两，镔铁1000斤。刘备便命良匠打造双股剑，关羽造青龙偃月刀，又名"冷艳锯"，重82斤，张飞打造丈八蛇矛。同时，各置全身铠甲。刘备共聚乡勇500余人，去讨伐黄巾军，因功被皇帝任命为安喜县尉。

安喜县为侯邑，故地在今定州市东30里的固城村。安喜县是小县，只设县尉一人，主要职责是对付盗贼，刘备的职务相当于现在的县公安局局长。刘、关、张对县尉这一职务的安排是非常不满意的，然而就连这么一个小小的职务，也受到了各方的刁难，因此，发生了鞭打督邮这一事件。督邮是属吏，相当于定州太守的耳目，主要督查所辖县的官吏政绩、社会治安、法纪行政、催租点兵等。

《三国志》这样叙述这一事件：

> 东汉灵帝末，黄巾起义，州郡各举义兵，先主（刘备）率其属从校尉邹靖讨黄巾贼有功，除安喜尉。督邮以公事到县，先主求谒，不通，直入缚督邮，杖二百，解绶系其颈着马柳，弃官亡命。

《三国志通俗演义》是这样记载这个故事的：

> 督邮到安喜督察，玄德以礼相迎。督邮傲慢地坐在马上，以鞭指备答话，关、张非常愤怒。张飞饮酒后从馆驿经过，见有五六十个老人在门前痛哭。问其故，众答："督邮逼勒县吏，欲害刘公，我等苦告，反遭赶打！"张飞大怒，径入馆驿，将督邮扯到县前马桩上缚住；攀下柳条，着力鞭打。玄德听得喧闹，问其故，左右道："张将军绑了督邮在县前痛打。"玄德忙去观看，督邮见刘备到，哀求救命，玄德是仁慈之人，急令张飞住手，怒视督邮指责道："你如此枉法害民，本应当杀却，今天姑且饶你性命。"说罢取出印绶，挂于督邮颈上，弃官而去。

## 遂志堂遗训垂千古

东汉延康元年（220），曹丕代汉建魏，承袭汉制。曹衮于太和六年（232），由赞王改封中山恭王，辖十县，仍以卢奴为都。

曹衮是沛国谯县（今安徽省亳州市）人，三国时期曹魏宗室，曹操的儿子，是魏文帝曹丕同父异母的弟弟，曹丕是卞皇后所生，曹衮的母亲是杜夫人。

**少年好学，深思经典。**曹衮 15 岁时，不仅写得一手漂亮文章，还积攒了满肚子学问。其才名远播，誉满神州。但曹衮生来谦逊，面对夸赞，从不自满。曹操对这个儿子很是喜爱，为他精心选派饱学之士，重点培养。老师们见他昼夜攻读，废寝忘食，担心他损害健康，就劝他不要过分刻苦，但他却以“少不学，老何为”作答。长大之后，他依然手不释卷，笔耕不辍。兄弟们出去游玩娱乐时，他独自研读经典。对三皇之书《三坟》、五帝之书《五典》等远古典籍攻读尤深，并将心得体会撰写成文。曹丕称赞他是“研精坟典，耽味道真，文雅焕炳”。曹衮传世著作达两万多字，具有较高的学术价值。

**警戒慎重，修身自守。**曹操有25个儿子，没有一个是庸碌无能之辈。在承袭王权的重大历史时刻，却掀起了同室操戈的激烈争斗。结果，曹丕击败诸位弟兄，获得王位。曹丕称帝后，仍然害怕其他兄弟卷土重来，威胁皇权，对他们深怀戒备，多方限制，处处设防。

最让曹衮感到痛心的是曹丕对曹植的迫害，包括大家耳熟能详的“七步诗”事件。曹植凭着超群的才华，才大难不死。另一位兄弟曹彰就没有这么幸运了，被曹丕荼毒而死。曹丕屠兄害弟，虽然达到了防止诸兄弟争权的目的，但却造成了皇室孤立无援的恶果，致使日后司马氏父子轻而易举地篡夺了曹魏大权。

曹衮淡泊名利，与世无争。在曹丕兄弟争权大战时，曹衮惧而远之，唯恐避之不及，有人偶尔提起这些事情，他都退避三舍，甚至闭门不出。所以，他没有受到曹丕的迫害。他目睹了皇权斗争的残酷无情、政治博弈的阴暗险恶，权衡利弊，选择了警戒慎重、修身自守、明哲保身的处世策略。

曹丕看到曹衮置身事外，无欲无求，温良恭俭让，绝对不是一个争权者，于是更加放心，便封他为北海王，后来改封为赞王。曹衮身为王侯，却宽厚待人、严于律己，所以口碑极好，受到了属下官员的拥戴，他说：“我生长在深宫之中，有很多骄奢逸乐的过失，不知百姓收种庄稼的艰难，你们应该帮我弥补缺陷，这才是我需要你们做的。”

他处处小心谨慎，时时恪守本分。对此，连曹丕派去监视曹衮的“文学老师”和“政治辅导员”都被感化，于是联名上书，陈述曹衮的种种美德。可是，曹衮知道后反而非常惊恐。他担心曹丕怀疑自己是在聚拢人心，暗自励志、另有野心，那可是掉脑袋的祸患啊！因此曹衮责备文学老师说："自己提高修养，坚守贞操，不过是普通人应有的行为罢了，但各位却将这些上报朝廷，这恰恰是为我增加负担和拖累我。如果有善言善行，何必担心别人不知道。你们却急着这样做，这对我可没有好处。"曹衮说完，仍然心有余悸，他的警戒慎重坚守了一生。

**就藩中山，崇尚节俭。**公元232年，曹衮改封为中山恭王，辖十县，仍以卢奴为都。他到卢奴以后，经常去民间巡访，鼓励农耕，关心百姓疾苦。他还敦促家人纺线织布、缝衣做鞋、炒菜做饭、种瓜点豆、铺褥子叠被、扫院子倒垃圾。曹衮施行的勤劳节俭、自食其力的治家理念，有效地避免了家人骄奢淫逸思想的滋生，营造了守身修德的家庭环境，这在王侯贵胄中是十分少有的。他的治国齐家之道，被传为千古美谈。

**临终教子，训言留世。**公元235年秋天，曹衮患病，令官属在中山王故宫营建东堂，名曰"遂志之堂"，他也是历史上第一个为书房起名的人。临终前，他把儿子曹孚唤至堂前训教，并在病床上对属下官员说："我缺少德行，愧受天子的恩宠，现在我的生命将要走到尽头了。我喜欢俭朴，现今朝廷有临终报告的制度，作为全国遵行的法典。我气断之后，从停放灵柩到下葬，务必遵奉诏书的命令。"

接着，他又对继承自己王位的儿子曹孚说："你还太小，没有接受过足够的家教，这么早就成了王爷，只知道人间快乐，不懂得世上苦恼，必将会有骄傲奢侈的过失。所以，我要告诫你，在接待大臣的时候，务必按照礼仪去做。即使不是大臣，对老人也应该谦恭礼敬。侍奉哥哥要恭顺，体恤弟弟要慈爱；兄弟有不好的行为，应当跪下来劝谏他们，对不听从的，要流着泪讲道理给他们听；讲道理还不改，那就禀告他们的母亲。要是仍然不改，应当上奏给天子知道，一起辞掉封地。与其依靠恩宠而遭受灾祸，不如贫贱生活以保全自身。这说的是大罪恶，至于微细的过错，就应当为他们遮掩。你这个小孩子啊，要谨慎地修养你自己，要用忠诚坚贞来侍奉圣朝，要用孝顺来侍奉太妃。在家里要听奉太妃的命令；在外面，要接受叔父的教诲。如果你不懈怠心思，按照我的训教努力去做，就能使我的灵魂得到安慰。"曹衮临终教子的遗言："忠贞奉朝，孝敬事亲，奢侈败德，俭约全身。”虽言辞简约，但意义深远，集中体现了忠信孝悌、谦恭敬修的君子品质。他所说“与其受宠惹祸，不若贫贱全身”更是意味深长，是至深至真的人生感悟，值得后人仔细品味。世人题诗赞道：“中山恭王，皇室贵胄。英气逼人，书卷清秀。不恋凡尘，处事低头。明哲保身，神仙一流。不慕虚名，不交损友。天下咸敬，才堪造就。若立为君，蜀吴当休。”

曹衮于公元235年十月因病去世，死后得到了魏明帝曹叡的厚葬。是年冬，他的儿子曹孚继中山王位。

## 隋文帝创隋基定州

自尧帝放勋受封唐侯，建造了一个中国历史上最早的“文明古唐国”之后，“唐尧遗风”在定州源远流长。由于定州有“中山天下重”“扃钥重地”的地域特点和四方通衢的交通枢纽优势，被历代王朝视为创业建国之基、安邦固本之地。历史上有185位帝王曾在定州龙盘虎踞纷争天下。其中在定州即位就国的帝王多达33位。在定州任过职后即位称帝的皇帝有13位。在定州监国、生活后即位的皇帝有3位。征战巡幸驾莅定州的皇帝有25位。除64位中山王外，还有47位镇守定州的循吏将官御封王爵。以上这些使定州这方风水宝地成为历史上中国北方一个政权中心、军事重地、经济都会。下面要介绍的是以定州为基，广揽人才，建功立业的隋文帝杨坚。

杨坚画像

杨坚，公元541年出生于弘农郡华阴县（今陕西省华阴市）。他的父亲杨忠是帮助宇文泰开创北周基业的功臣，位至柱国、大司空，封随国公。杨坚凭借父亲的地位和自己的才能，由成纪县公、大兴郡公而继承了随国公的爵位。建德五年（576），杨坚为右三军总管，随北周武帝伐齐破邺城，因功进位柱国。建德六年（577），周武帝设置定州总管府，中山郡改称鲜虞郡。这是定州在历史上第一次置总管府。《周书》载："建德六年，乙卯，帝（宇文邕）自邺还京。丙辰，以柱国、随国公杨坚为定州总管。"

我国古代规定，官吏去地方任职是要携带家眷的，杨坚携家眷赴定州就任，一进定州就发生了一个奇兆。《隋书》载："定州城西门久闭不行，齐文宣帝时，或请开之，以便行路。帝不许，曰：'当有圣人来启之。'及高祖至而开焉，莫不惊异。"

杨坚在定州任总管后，广揽天下才俊。《中国通史（第六卷）》载：杨坚任定州总管的时候，常山太守庞晃就屡相往来，曾向他建议："燕代精兵之处，今若动众，天下不足图也。"杨坚觉得这样的时机还没有到，而他在定州所招纳的人才越来越多，形成了一个有力的政治集团。刘昉、郑译、高颎、李德林等便是其中的重要人物。除《中国通史》所载的重要人物外，《隋书·列传》中还载有杨坚和其夫人文献皇后在定州招纳人才亲友的详细过程。

北周仪同大将军尉迟崇，率兵镇守恒山。当时，杨坚任定州总管。尉迟崇见杨坚相貌非凡，便积极与他结交，杨坚对他也很亲近。大象二年（580），杨坚为北周丞相后，尉迟迥起兵反周，尉迟崇因与反贼是同族的缘故，把自己关在牢里，派人赴京请罪。杨坚下书慰问他，让他乘驿车回朝，把他安排在身边，并封尉迟崇为秦兴县公爵。隋朝初年，尉迟崇随行军总管达奚长儒与突厥交战，力战而死。杨坚不忘尉迟崇的功业，下诏赐其子义臣国姓杨氏。

尉迟崇的儿子义臣，谨慎忠厚，长于骑马射箭，有将领之才，因此杨坚很器重他。不仅赐其姓杨，还赐钱三万贯、酒三十斛、米麦各百斛，编之属籍，为皇从孙，袭父爵，拜陕州刺史。杨坚代周建隋后，杨义臣忠心侍隋，南征北战，立下了汗马功劳。

周摇（519—602）是北魏太武皇帝拓跋焘的后裔，侍北周拜晋州总管时，杨坚为定州总管。文献皇后自京师诣高祖，经过周摇的辖区，周摇招待得非常简朴。事后文献皇后感叹道：“公廨甚富于财，限法不敢辄费。又王臣无得效私。”其质直如此，十分难得。杨坚以周摇奉法而不阿谀媚上，屡屡嘉之，周摇非常感动。

隋文帝受禅后，开皇初年，突厥寇边，燕、蓟多被其患，前总管李崇为虏所杀。隋文帝想要派得力的将领去镇守，临朝曰：“无以加周摇者。”公元583年，周摇拜为幽州总管，并六州五十镇诸军事。周摇修鄣塞，谨斥候，边民以安。开皇十一年（591），徙为寿州总管。开皇十二年为襄州总管。不凡的功劳，使周摇成为西魏、北周、隋三朝重臣，名垂青史。

裴矩（547—627）是北魏荆州刺史裴佗之孙。裴矩自幼丧父，由伯父裴让之抚养成人。他勤奋好学，文章华美，颇有心计，在北齐历任司州兵曹从事、高平王文学。北齐灭亡后，高祖为定州总管，召补裴矩为记室，视为心腹，深受器重，在杨坚建隋时鼎力相助。杨坚受禅称帝后，裴矩升任给事郎，主管内史省事务，代理内史舍人。大业年间，裴矩与苏威、宇文述、裴蕴、虞世基等人一同掌握朝政。他为隋炀帝经营西域，打击吐谷浑，并用计分裂突厥。江都之变后，裴矩又先后效力于宇文化及、窦建德，始终受到尊重。

武德四年（621），裴矩降唐，历任殿中侍御史、太子左庶子、太子詹事、检校侍中、民部尚书，封安邑县公，受到了唐高祖、唐太宗的推崇。是隋唐时期的政治家、外交家、战略家、地理学家。

独孤罗（534—599），字罗仁，云中（今山西省大同市）人。是关陇集团重要成员北周太保独孤信的长子，是隋文献皇后独孤伽罗的长兄。独孤信跟随孝武帝入关后，襁褓中的独孤罗被高欢囚禁，直到独孤信死后独孤罗才被释放。独孤罗寓居中山，生活贫苦，北齐的中山人独孤永业和他是同宗，为他在中山置办了一点田宅。北周灭北齐之后，杨坚被任命为定州总管，独孤伽罗不仅和杨坚夫妻感情极为深厚，她本身也大智大勇，在建立隋朝过程中立下了汗马功劳。在随杨坚赴定州途中，她听到独孤罗寓居中山后，派人找到了长兄独孤罗。兄妹相见后，彼此感到非常悲伤，连侍从们都哭泣起来。独孤罗受到了杨坚夫妇的尊崇，二人还赠送了非常丰厚的财物，独孤罗自然成了杨坚的亲信。

隋朝建立后，独孤罗一直享受着高官厚禄的待遇。开皇元年（581）三月，隋文帝拜独孤罗为使持节、上开府仪同大将军，随后他又担任了领左右大将军、右武卫大将军。开皇二年（582），独孤罗正式承袭赵国公爵位，隋文帝亲幸其邸道贺。开皇十二年（592），独孤罗拜大将军、太子右卫率。开皇十三年（593），担任使持节、总管凉甘瓜三州诸军事、凉州刺史。开皇十八年（598），又加实益州阳安县一千户，进位上柱国。其弟独孤善为河内郡公，独孤穆为金泉县公，独孤藏为武平县公，独孤陀为武喜县公，独孤整为千牛备身。炀帝嗣位，改封独孤罗为蜀国公。未几，卒官，谥曰恭。

独孤罗之子独孤纂嗣，仕至河阳郡尉。纂弟武都，大业末，为河阳郡尉。庶长子开远，宇文化及之弑逆也，裴虔通率贼入成象殿，宿卫兵士皆从逆，开远时为千牛，与独孤盛力战于合下，为贼所执，贼义而舍之。善后官至柱国。卒，子览嗣，仕至左候卫将军，大业末卒。

独孤陀，北周太保独孤信第六子，独孤罗的弟弟。仕周胥附上士，坐父徙蜀郡十余年。宇文护被诛，始归长安。隋朝建立后，独孤陀进位上大将军，并先后担任右领左右将军、郢州刺史、延州刺史。有二子：延福、延寿。陀弟整，官至幽州刺史，大业初卒，赠金紫光禄大夫，平乡侯。

仅从以上史籍所载可知，杨坚在任定州总管期间招纳的各方人才达 18 人之多，为创建大隋基业奠定了雄厚的人才基础。

北周大象二年（580），周宣帝去世，其八岁的儿子宇文阐即皇帝位。以杨坚为首的政治集团便乘机进行了夺取政权的活动。在内史上大夫郑译等人的策划下，矫诏引杨坚入朝揽政，都督内外诸军事。同时，以赵王宇文招将嫁女于突厥为名，把北周在外的藩王都征召到京城来，以防他们反抗。这样，杨坚以左大丞相之职，迅速掌握了北周的军政大权。大象三年（581）二月，杨坚取宇文阐而代之，自立为帝，建立了隋朝。在美国学者迈克尔·H. 哈特 1978 年所著的《影响人类历史进程的 100 名人排行榜》中，杨坚排行第 82 位。

杨坚任定州总管期间不仅广结才俊，培植政权班底，还广施恩泽，深受百姓拥戴。这些史实，从《隋书·炀帝纪》中便可找到。

隋炀帝杨广继位后，为了纪念父亲在定州任总管时的丰功伟绩，视定州为“创隋奠基之地”。《隋书·炀帝纪》载：大业九年（613）闰九月己巳日，巡幸至博陵（定州），炀帝谓侍臣曰：“朕昔从先朝，周旋于此，年甫八岁，日月不居，倏经三纪，追惟曩昔，不可复希。”侍者闻此语已，皆涕咽沾襟。冬十月，炀帝又诏曰：“博陵昔为定州，地居冲要，先皇历试所基，王化斯远，故以道冠《豳风》，义高姚邑。朕巡抚氓庶，爰屈兹邦，瞻望郊廛，缅怀敬止，思所以宣播德泽，覃被下人，崇纪显号，式光令绪，可改博陵为高阳郡。赦境内死罪以下，给复一年。”于是召高祖时故吏，皆量才授职。

在杨坚任定州总管的36年后，隋炀帝巡幸博陵留下了一个“日月不居”的成语典故。更难能可贵的是，杨坚在创业建隋中“历试所基”，对定州进行了反复的考察，给予华夏史书中罕见的定论：“王化斯远，故以道冠《豳风》，义高姚邑。”这些都是定州“唐尧遗风”源远流长的有力佐证，彰显着定州丰富的历史文化内涵。据民国《定县志》载：为了纪念隋朝基业是从定州兴起的，炀帝将博陵郡改称高阳郡，还特意在定州建造了隆圣寺，铭刻了“隆圣道场碑”以示纪念。据史料载：“此碑在定州隆圣寺，隋秘书郎虞世基撰次书石，隋唐间最显世。”

## 高祖李渊雀屏中选

关于“雀屏中选”这一历史名典，史籍和各成语词典中都有许多撰述，但都未涉及这一历史趣闻发生的时间和地点。对此笔者反复查阅了史籍，现将《旧唐书》、《新唐书》和《中国皇后全传》关于此典记述摘选如下。

《旧唐书》：高祖太穆皇后窦氏，京兆始平人，隋定州总管、神武公毅之女也。后母，周武帝姊襄阳长公主。后生而发垂过颈，三岁与身齐。周武帝特爱重之，养于宫中。时武帝纳突厥女为后，无宠，后尚幼，窃言于帝曰：“四边未静，突厥尚强，愿舅抑情抚慰，以苍生为念。但须突厥之助，则江南、关东不能为患矣。”武帝深纳之。毅闻之，谓长公主曰：“此女才貌如此，不可妄以许人，当为求贤夫。”乃于门屏画二孔雀，诸公子有求婚者，辄与两箭射之，潜约中目者许之。前后数十辈莫能中，高祖后至，两发各中一目。毅大悦，遂归于我帝。及周武帝崩，后追思如丧所生。隋文帝受禅，后闻而流涕，自投于床曰：“恨我不为男，以救舅氏之难。”毅与长公主遽掩口曰：“汝勿妄言，灭吾族矣！”

后事元贞太后，以孝闻。太后素有羸疾，时或危笃。诸姒以太后性严惧谴，皆称疾而退，惟后昼夜扶侍，不脱衣履者，动淹旬月焉。

《新唐书·列传第一　后妃上》载：高祖太穆顺圣皇后窦氏，京兆平陵人。父毅，在周为上柱国，尚武帝姊襄阳长公主，入隋为定州总管、神武公。

后生，发垂过颈，三岁与身等。读《女诫》《列女》等传，一过辄不忘。武帝爱之，养宫中，异它甥。时突厥女为后，无宠，后密谏曰：“吾国未靖，虏且强，愿抑情抚接，以取合从，则江南、关东不吾梗。”武帝嘉纳。及崩，哀毁同所生。闻隋高祖受禅，自投床下，曰：“恨我非男子，不能救舅家祸。”毅遽掩其口，曰：“毋妄言，赤吾族！”常谓主曰：“此女有奇相，且识不凡，何可妄与人？”因画二孔雀屏间，请昏者使射二矢，阴约中目则许之。射者阅数十，皆不合。高祖最后射，中各一目，遂归于帝。

始，元贞太后羸老有疾，而性素严，诸姒娣皆畏，莫敢侍。后事之，独怡谨尽孝，或淹月不释衣履。工为篇章规诫，文有雅体。又善书，与高祖书相杂，人不辨也。崩于涿郡，年四十五。

《中国皇后全传》：窦氏是京兆平陵人。父亲窦毅，曾仕周为上柱国，入隋为定州总管、神武公。窦毅娶周武帝的姐姐襄阳长公主为妻。窦氏转眼就长到3岁，一头乌黑的头发，已与身同长。喜欢读《女诫》《列女》等，过目不忘。窦氏的舅舅武帝宇文邕见她聪明好学，便将其留在宫中生活……大象三年（581）二月，杨坚篡位改号为隋，窦氏听说隋高祖杨坚篡周后，慨然道：“我非男子，不能救舅家。”父亲窦毅赶忙捂住窦氏的嘴，连连低声叫道：“千万不要胡说，会被杀头的。”

窦毅见女儿窦氏已渐渐长大，和襄阳长公主商议后，便让人在屏间

窦毅画像

画两只孔雀，遇人求婚，先令试箭，阴约中目，便将窦氏许配。当时，许多王孙贵胄纷纷前来角射。结果都没射中，只好败兴而去。隋朝官吏李渊，也前去应试，连射两箭，一箭中孔雀左眼，一箭中孔雀右眼。窦毅见李渊英俊潇洒，遂将爱女窦氏许配给他。

综合以上三部史书看，高祖太穆皇后窦氏幼年被舅舅留在宫中生活，大象三年二月，杨坚篡位改国号为隋，窦氏听说后，慨然道："我非男子，不能救舅家。"父亲窦毅遽掩其口，曰："毋妄言，赤吾族！"从这个情节看，当时窦氏尚在父母身边，也就是在"雀屏中选"招亲之前。招亲后，即"始，元贞太后羸老有疾，而性素严，诸姒娣皆畏，莫敢侍。后事之，独怡谨尽孝，或淹月不释衣履"。刚入夫家，窦氏便承担起侍奉婆婆的琐碎之事，为了陪伴婆婆，甚至整月不脱衣和鞋。如果杨坚代周建隋在"雀屏中选"招亲之后，就不会有"毅遽掩其口"这个情节了。况且唐高祖李渊出生于北周天和元年（566），杨坚建隋那年（581）才 15 岁。再者《中国皇后全传》载："雀屏中选"时"隋朝官吏李渊，也前去应试"。这又是一个佐证。

从以上三段史籍记载看，"雀屏中选"这一名典发生的时间在"杨坚建隋"的 581 年之后，当无疑义。

《隋书》载："开皇元年二月，辛卯，以上柱国、神武郡公窦毅为定州总管。"《周书》载："毅隋开皇初，拜定州总管。累居藩镇，咸得民和。二年，薨于州，年六十四。"

据以上两则史籍记载，窦毅于开皇元年（581）二月，被隋文帝杨坚任命为定州总管，而且在定州是"累居藩镇，咸得民和。二年，薨于州，年六十四”。显然，窦毅在定州只担任了不到两年总管，便薨于州，即卒于定州总管的任上。这表明，“雀屏中选”发生的时间只能在窦毅任定州总管的公元581—582年这两年间。古代规定，地方衙署后院专门建有官员住宅，供正印官及家眷居住。窦毅携夫人襄阳长公主和女儿窦氏居住在定州总管府是古代的惯例。衙门是国家固定的不动产，新老官员上任、离任是经常性的。自秦汉时期起，各级官员均由朝廷册封任命，大都有异地做官解决住所的需要。因此，由朝廷向赴任官员提供住房的官邸制，在秦汉之际逐渐趋向制度化了。从杨坚任定州第一任总管的实际情况看，他的妻子独孤皇后在定州寻到了失散多年的长兄独孤罗，他的儿子炀帝杨广于大业九年（613）闰九月己巳日，巡幸至博陵（定州），炀帝谓侍臣曰“朕昔从先朝，周旋于此，年甫八岁，日月不居，倏经三纪……”这些史据充分表明，正印官携家眷就任是古代官员必须遵守的一项政治制度。

杨坚和窦毅任定州总管的时间虽然是两个朝代，杨坚是周武帝建德六年（577）担任，大象二年（580）五月，离开定州；而窦毅是隋“开皇元年（581）二月，辛卯，以上柱国、神武郡公窦毅为定州总管”，时间间隔不到一年。“雀屏中选”是窦氏婚配时窦毅和襄阳长公主商量的招婿方式。故“雀屏中选”这一历史典故发生在定州总管府的历史依据是充分可信的。

## 唐太宗征东宴中山

贞观十九年（645），唐太宗李世民发动了东征高句丽的战争。高句丽于东晋义熙六年（410）侵占了辽东城（今辽阳市辽阳老城东北隅）后，改称襄平城。隋炀帝曾三次征伐都未收复。唐太宗命皇太子李治留在定州监国，自己御驾亲征。春二月，太宗亲统六军自洛阳出发，三月，驻跸定州，太宗谓左右曰：“今天下大定，唯辽东未宾，后嗣因士马盛强，谋臣导以征讨，丧乱方始，朕故自取之，不遗后世忧也。”唐太宗爱兵如子，亲自坐在城门上，抚慰身旁走过的兵卒，对有疾病者亲自探视，并敕令各州、县给予治疗。夏四月，誓师于幽州城南。五月十七日，李勣率领大军不舍昼夜地围攻十多天后，采纳练姓始祖何公所献的火攻之策，点燃西南城楼，焚城攻克了辽东城。唐太宗登上辽东城城头作《辽城望月》诗一首："玄菟月初明，澄辉照辽碣。映云光暂隐，隔树花如缀。魄满桂枝圆，轮亏镜彩缺。临城却影散，带晕重围结。驻跸俯九都，伫观妖氛灭。"六月，李勣率师至安市城。丁巳，高句丽别将高延寿、高惠真率兵十五万来援安市，以拒王师。李勣率兵奋击，上自高峰引军临之，高句丽大溃，杀获不可胜计。延寿等以其众降，因名所幸山为驻跸山，刻石纪功焉。赐天下大酺二日。秋七月，李勣进军攻安市城，至九月不克，乃班师。冬十月，入临渝关，皇太子自定州迎谒。唐太宗二次幸定州，得胜之余，大摆筵宴，庆祝胜利，诗兴大发，遂作庆功诗一首，名曰《宴中山》：

驱马出辽阳，万里转旂常。对敌六奇举，临戎八阵张。

斩鲸澄碧海，卷雾扫扶桑。昔去兰萦翠，今来桂染芳。

云芝浮碎叶，冰镜上朝光。回首长安道，方欢宴柏梁。

唐太宗李世民的文治武功，自古就为人所津津乐道，颂扬备至。他不仅是一位有作为的政治家和军事家，还是一位著名的诗人，在《全唐诗》留诗88首，这次东征所作《辽城望月》和《宴中山》都在其中。学界对他的雄才伟略及其对历史所作出的重大贡献都给予了积极的肯定。对于这首《宴中山》的研究，文人墨客仁者见仁、智者见智，发表了诸多学术文章。那么，唐太宗为何要在中山（唐时中山即指定州）设宴呢？唐太宗设宴中山，大有深意：一是定州是杨坚、杨广父子创隋奠基所在；二是定州百姓受隋朝皇室特别恩惠泽被，定州百姓格外缅怀隋朝；三是隋炀帝曾在第二次征辽时，隋军前锋已直捣平壤（今朝鲜平壤），在大功将成之际，隋礼部尚书杨玄感却起兵反于黎阳，致隋炀帝二次征辽功败垂成。唐太宗率军征辽，亦于此有忧，故令太子监国定州，以防其变。既示之以恩，又镇之以威。可见人君思远，实非众臣所能料。

## 赵匡胤结义关帝庙

### 赵弘殷安喜结良缘

后梁贞明二年（916）的冬天，涿郡赵弘殷（赵匡胤之父）到镇州（今正定）去谋前途，走到安喜（今定州）杜家庄时，天突降大雪。便到庄内休憩，庄主杜爽在和赵弘殷叙谈时，见赵弘殷气宇不凡，料到他日后定会成就大事，于是便将自己年方及笄的女儿四娘子（即杜太后）嫁给了他。这样，赵弘殷因避雪而结良缘。婚后，四娘子为他生育了两位历史上赫赫有名的儿子赵匡胤和赵光义。这场婚姻，使杜爽成为大宋皇帝的外祖父。

安喜结缘（鲁刚／绘）



### 赵匡胤安喜求学

赵匡胤生于后唐明宗天成二年（927）。父亲赵弘殷在后唐官拜都指挥使。母亲杜氏，安喜人。赵匡胤长大后，杜氏见儿子专好武艺，不思读书，经与丈夫赵弘殷商量，决定把他送往安喜请外公杜爽教授诗书。外公为其寻得一位私塾先生辛文悦。辛先生为饱学之士，道德、文章举世无双，赵匡胤便在辛文悦先生的塾中读书，并与他一同读书的柴荣（周世宗）结为好友，为他日后开创大宋基业创造了机遇。

安喜求学（鲁刚／绘）

### 郑子明寻杰卖宝弓

安喜的中秋佳节，热闹非凡，赵匡胤与柴荣在大街上游玩时，看见一位黑脸大汉身边摆放着十几张宝弓，在那里叫卖。大汉手执一强弓，对围观的众人道："小可是郑州人氏，姓郑名恩，字子明，我卖强弓，不为赚钱，只要有人能将弓拉开，我便分文不取，将弓奉送。"众人纷纷上前展技，结果都未能拉开此弓。赵匡胤上前，接弓在手，轻轻一拉，便弓满似月。郑恩以弓相送，赵匡胤、柴荣见郑恩侠肝义胆，便促膝相谈，三人一见如故，结为好友，并商定要效仿刘、关、张三结义那样，去关帝庙结为生死兄弟。

寻杰卖弓（鲁刚／绘）

### 关帝庙英雄三结义

关帝庙结义（鲁刚／绘）

柴荣、赵匡胤、郑恩来到安喜关帝庙，各自报了年庚。柴荣最大为长，赵匡胤居次，郑恩居三。三兄弟面对关帝行过大礼，盟过誓言，又互相对拜。此后，赵匡胤除了读书之外，便经常到柴荣、郑恩寓所谈古论今、骑马射箭、练习武艺。久而久之，连一直文绉绉的柴荣也被熏陶得能骑驽马，拉得开硬弓，练就了一身本领。后来柴荣成了后周皇帝，赵匡胤成了大宋开国皇帝。安喜的关帝庙这一藏龙卧虎之地成了两朝帝王的风水宝地。

## 弓箭社发源定州路

北宋时期，在宋辽边陲定州西路，出现了一支由边民自愿发起的民团组织——弓箭社。它以“自卫身家”为目的，以“带弓而锄，佩剑而樵”，边农边武的模式，活跃在民间长达120多年。它属于民间武术会社，后被官方承认，列入乡兵武装，发挥了保境捍边、维护稳定的重要作用，在历史上留下了绚丽的篇章。它的发源地就是地处宋辽边陲的定州西路。



### 弓箭社发源地——定州

1004年，宋、辽订立“澶渊之盟”，结束了两国长达半个世纪的征战局面。由于宋兵戍边不得力，边民时常遭到北人的侵扰和盗贼的抢劫，定州西路一带的边民们为了生存，不得不自发组织起来，在耕田的同时，携带弓箭刀枪，随时准备抗御入侵之寇。他们民主推选头目，自定章法，得到了官方的认可和拊循，慢慢发展壮大起来，形成了一支亦农亦兵的御敌武装队伍——弓箭社。

弓箭社铜雕像

带弓而锄

## 弓箭社的组织模式

弓箭社的组织模式，从史籍所载的“不论家业高下，户出一人”分析，它既是州民自发结社，又具有民团的公约束缚功能；从“又自相推择家资武艺众所服者，为社头、社副、录事”看，其头目是经民主推荐或选举产生的德高望重之人；再从“私立赏罚，严于官府，分番巡逻，铺屋相望”看，它既有超过官府那样严密的组织纪律，又有高度的警惕性，并且分工明确、赏罚严明。

## 四任知州拊循弓箭社

定州“天下要冲之最”。因此，任职官吏，多为大名鼎鼎之人。其中，加意拊循弓箭社者，第一位是韩琦，他知定州五年，曾提出“农闲练兵，战时防御”的主张，是“籍民为兵”的倡导者；第二位是庞籍，他是制定弓箭社条约的第一人；第三位是有“名帅”之称的滕甫，他知定州时建议神宗“依旧制募弓箭社，以为边备”“北人劲悍，缓急可用”；第四位是苏

弓箭社组织模式

轼，他在奏议中连续两次奏请皇帝扶持弓箭社。四任知州的扶持，是弓箭社得以发展的动力。

### 弓箭社的开展状况

北宋时，定州弓箭社开展得如火如荼。史籍载“定州等入社人数达到了当地总人口的七分之一左右”。苏轼知定州时，为巩固边防建立弓箭社，仅仅 3 个月的时间，定州治下各县就成立了由 588 个村组织的弓箭社 651 个，成员达 3.14 万余人，比所在地驻兵总数还多 6000 多人。苏轼对幕僚李之仪说：“如此下去，北贼必望而生畏，不敢轻举犯边。”可见其规模之大。

### 弓箭社的传播

定州弓箭社起到了“农闲练兵，战时防御，既可增强军事力量，也能减少冗兵军费”的重大作用。滕甫和苏轼两位知州都曾上奏朝廷“比照定州近山谷处弓箭社的做法，在各州均组建弓箭社”。这样，各地纷纷仿效，使宋境地区民间武术社团组织逐渐壮大起来。

韩琦奏请“籍民为兵”

弓箭社农闲训练

弓箭社的传播

## 弓箭社的作用

苏轼在《与刘仲冯六首（之六）》中说得很清楚，邻近诸路，皆时有北贼，小小不申报者尤多，民甚患之。唯定武（即定州之地）一路绝无者，以有弓箭社人故也。弓箭社为捍卫边境和平、维护社会治安发挥了积极作用，其影响力不仅辐射当时陕西、河东、京东一带，对北方武术组织的繁衍也产生了积极影响，是宋代任何一个民间社团所不能比拟的，在历史上镌刻了深深的“亦兵亦农”烙印。

## 弓箭社的消亡

弓箭社消亡的原因有很多，贪官邀功、组织混乱，是其消亡的主要因素。北宋后期，一是地方官员在招募弓箭社时虚报数字，冒受厚赏；二是管理混乱，内部出现了“异等”，败坏了弓箭社的名声；三是以数量替代质量，劳民伤财，百姓不堪重负。宣和七年（1125）二月，宋徽宗赵佶发布了撤散弓箭社的最后一道谕旨。刀枪入库、马放南山，弓箭社经历了

弓箭社的作用

弓箭社的消亡

120余年的曲折历程，在被解除武装之际，恰好给乘虚而入、挥师南下的金兵扫平了障碍，北宋天下的倾覆也就到来了。

### 弓箭社精神永存

弓箭社已经成为历史，其精神却值得铭记和发扬。维护百姓生计，是弓箭社存在的根本；“自发组织、自相团结、自助功能”是它突出的特色；“遍布城乡、人自为战、村自为战”是它的亮点；“自卫身家、保境卫边”是它的根本目的和主要职能。当“捐躯捍边”与社稷民生契合时，则“弓箭社用命追杀”，成为自觉行动。这种强烈的民族自尊和保家卫国精神，在抗日救亡斗争中，在冀中民兵游击队、敌后武工队和地道战中，依然能看到它的承传。

### 弓箭社条约

一、弓箭社人户，但系久来团结地分，并依见今已行体例，不拘物产高下，丁口众寡，并每户选择强壮一丁，充弓箭手。

弓箭社精神永存

二、每社置社长、社副、录事各一名为头目，并选有物力或好人材（才）事艺众所推服者，方得差补。农事余暇，委头目常切提举阅习武艺，务令精熟齐整，如无盗贼，非时不得勾集。

三、每社及百人以上，选少壮者三人，不满百人者选二人，不满五十人者选一人，充急脚子，并轮番一月一替。专令探报盗贼。如探报不实，及稽留后时有误捕捉者，并申官乞行严断。

四、逐社各置鼓一面，如有事故及盗贼，并须声鼓勾集。若寻常社内声鼓不到者，每次罚钱一百。如社内一两村共为一火，地里稍远，不闻鼓声去处，即火急差急脚子勾唤。若强盗入村，鼓声勾唤，及到而不入贼者，并罚钱三贯。如三经（更）罚钱一百，一经罚钱三贯，而各再犯者，并送所属严断。

五、如能捉获强盗一名，除依条支赏外，更支钱二十贯。如两次捉获依前支赏外，仍与免户下一年差徭。如三次以上，更免一年。无差徭可免者，各更支钱十贯折充。如获窃盗一名，除依条支赏外，更支钱二贯。以上钱，用社内罚钱充，如不足，并社众均备。

六、逐社各人，置弓一张、箭三十只、刀一口。内单丁及贫不及办者，许置枪及捍棒一条。内一件不足者，罚钱五百。弓箭不堪施放，器械虽有而不精，并罚钱二百。若全然不置者，即申送所属，乞行勘断。

七、逐社每夜轮差一十人，于地分内往来巡觑，仍本县每季给历一道，委本社头目抄上当巡人姓名。有不到者，罚钱二百。如本地分失贼，其当巡人委本社监勒依条限捕捉。限满不获，送官量事行遣。其所给历，除每季纳换及知佐下乡因便点检外，不得非时取索。

八、弓箭社人户，遇出入经宿以上，须告报本社头目及邻近同保之人，违者罚钱三百文。

九、社内遇捉杀贼盗，因斗致死，除依条官给绢外，更给钱一十贯付其家，被伤重者减半，并以系省钱充。

十、社内所纳罚钱，令社长等同共封记主管，须遇社会合行酬赏者，方得对众支给破使，即不得衷私别作支用。

十一、社内遇丰熟年，只得春秋二社聚会，因便点集器械，非时不得乱有纠集搔（骚）扰。

弓箭社的燕赵雄风

## 盛唐盛景览定州

在州署永定驿，以图文并茂的形式展出了盛唐贡绫第一州和盛唐绫机第一厂的历史。古时经贸以农为主，定州自古为我国北方粮棉重要产地。《中国通史》载：从先秦到西汉，最大的丝纺业中心在河北定县。到了隋唐时期，定州已发展为中国北方的大商业城市和丝织品中心，其手工业、纺织业闻名遐迩，号称“桑麻遍野，户户机杼”。此地生产的绫，被列为贡品，每年向朝廷贡绫总数达1500多匹，较其他州高出约百倍，丝织品贡数居全国第一，可谓名副其实的“天下第一州”。这里诞生了中国历史上前所未有的私营大企业——何明远纺织厂。

唐代巨富何明远

发达的纺织业为定州先民提供了得天独厚的致富良机，唐朝天宝年间，定州出现了一位赫赫有名的大富豪何明远。他起初是定州驿站一名驿卒，后升驿长，兴办了纺织厂。《中国全史》记载：“其规模之大前所未有。”《朝野佥载》载：“定州何明远，大富，主官中三驿。每于驿边起店停商，专以袭胡为业，资财巨万。家有绫机五百张。远年老，惑不从戎，即家贫破。及如故，即复盛。”

**初职驿卒，糊口谋生。**定州署始建于唐代，署内建有驿站——永定驿。唐朝的赋役制度规定，男丁每年要到驿站服役 20 天，最多不超过 50 天。根据规定，何明远来到定州驿站服役，当了一名社会地位非常低下的驿卒，靠微薄收入养家度日。

**擢升驿长，主持三驿。**唐代名将崔行俭说“定州是扃钥之地”，当时设有大总管府，统领河北33州，来往官员络绎不绝。何明远殷勤奉公，谨慎从事，擢升为驿长。何明远主持定州驿，深受驿卒喜爱，颇得上司赞赏，州官将定州辖区内三个官驿的繁杂公务，交由他全权负责管理，从此何明远负责主持三驿诸事。

**抢占先机，起店停商。**唐朝社会稳定，经济繁荣，定州是当时的纺织中心，交通便利，四方通衢，商贾云集，私营馆舍（当时称逆旅）兴旺起来。何明远主持三驿诸事，看到这种宾客接踵而至的情形，就在他主持的三个驿站旁边办了许多旅馆，开始“起店停商”。这样何明远又成了私营馆舍的店主，从中赚了一大笔钱。

**兴办绫厂，规模居首。**何明远在“起店停商”中赚了一大笔钱，有了雄厚的物质基础，定州纺织中心的繁荣又为他提供了经商环境。他抢占先机，办起了绫厂，注册了品牌，生产出了独具特色的纺织品，经过逐步发展，使绫机达到了五百张，其规模之大前所未有。《中国全史》记载，何明远成为有史以来的第一大私营纺织厂厂主。

**私相贸易，袭胡为业。**“专以袭胡为业”，是说何明远办了拥有五百张绫机的纺织厂，生产的丝绢数量惊人。但因常年仅靠商人售出，利润微薄，于是他由转卖给商人，变为自己专门倒运到北边胡地，进行交易，这使何明远又找到了一条赚大钱的途径。

**唐皇颁令，禁与胡易。**何明远“专以袭胡为业”，但唐朝对与胡人交易控制很严，诸多商品都在管控范围之内，其中规定绫织品“不得度西边、北边诸关，及至缘边诸州兴易”，否则要追究当事人及地方官吏的刑事责任。朝廷规定“共化外蕃人私相贸易”，“一尺徒二年半，三匹加一等，十五匹加役流”，处罚是相当严厉的。

**特殊环境，发展典范。**尽管朝廷对民间与胡人交易控制很严，但定州环境特殊。唐天宝年间（742—756），安禄山为了与唐朝分庭抗礼，不屑唐朝的法令，发令鼓励与胡贸易。定州正好处在安禄山的势力范围之内，何明远正是在这种环境下，通过“专以袭胡”来使自己“资财巨万”的。

**弃戎家破，如故复盛。**特殊的历史背景使何明远办起了华夏第一大绫机厂，成了富豪。“惑不从戎”，年老后何明远不再主持三驿，他家开始破败下来。何明远离开驿站不久，三驿的邮传（传送文书）工作也随之瘫痪。后州官又恢复了他的官职，何明远的家业又兴盛了起来。

**名垂史册，后人景仰。**“定州富豪何明远，家有绫机五百张”，史有明载。史学家们的研究成果表明，何明远兴办了中国历史上前所未有的第一大私营纺织厂，由一名社会地位低下的驿卒变成富翁，是“行行出状元”的一个典型实例，是盛唐定州被誉为“纺织胜地”的历史佐证，也是定州人杰地灵、辉煌历史中的一位传奇人物。何明远身上表现出来的忠于职守、与时俱进、抢抓机遇、奋力拼搏的品格将名垂史册。

## 韩琦帅定彪炳千秋

韩琦，字稚圭，相州安阳人，北宋政治家、名将。在宋朝当政十年，相三朝，立二帝，号称“贤相”，也称“韩魏公”。在朝中，他运筹帷幄、廉洁奉公，使朝廷清明，天下乐业；在地方，他忠于职守、勤政爱民，是中国古代官吏的楷模。庆历八年（1048），韩琦以资政殿学士知定州，兼定州路都部署安抚使，四月十四日到任。宋仁宗皇祐五年（1053）一月九日离定，以武康军节度使徙知并州。帅定五年，他的善行功德不胜枚举，人人可道一二，还留下了历史上前所未有的六项奇迹。在定州衙署寅宾馆的韩公祠内，以“韩琦帅定，彪炳千秋”为题，采用图文并茂的方式，对韩琦一生的事迹进行了展览。由于篇幅所限，现仅将韩琦在定州的动人事迹简要摘录，供读者阅读。

**一年三地，移知定州。**庆历七年（1047）五月，韩琦（以下称韩公）为京西路安抚使，自扬州改知郓州（今山东东平）。十二月，韩公又被调任知成德军（今河北正定）。庆历八年四月，又移知定州。

移知定州

**从严治军，构筑长城。**定州是宋辽边陲、扃钥之地。韩公来到定州后，发现定州久为武将镇守，将士骄横，军纪松弛，国门瘫痪，危及社稷。首先，他整顿军队，对那些品行恶劣的将士毫不留情地予以严惩，并采取恩威并施的办法，对以死攻战的将士予以重赏。接着，他研究唐朝名将李靖的兵法，仿作方、圆、锐三阵法，昼夜操练士兵，使定州军“精劲冠河朔”，筑起了保卫大宋江山的钢铁长城。

从严治军

**募济难民，皇帝赞赏。**庆历八年，定州洪暴成灾，流民满道。韩公为救百姓于水患，开库并从他地往定州运粮，募济难民，同时命官吏设粥棚以供难民食用。韩公日夜往返巡视，对远近过路者，都发给路粮，让他

流民逃难

们返回家园。韩公赈济饥民数百万，受到了皇帝的称赞，诏命“邻道视以为准”，即以韩琦之法为准，诏命各道效仿推行。

**免税兴商，强国利民。**定州受灾之后，韩公奏请皇帝恩准，对境内的二税悉数豁免。山泽之利，听凭民间进行贸易，官不收其税；往来河津之商客，不收取渡钱；对一切逋人（逃亡在外的人），搁而不追；三司科买柴草食羊之类，权且停止。使灾民得以休养生息。

韩公奏请皇帝

**重教修庙，始创明伦堂。**皇祐元年（1049），韩公知定州大修庙宇，割邑闲亩一千计，供学者使用，当时属河北之最。皇祐二年（1050），韩公在文庙后创建了历史上第一所明伦堂，定州官学正式成立。作为“明人伦”（孟子提出的学校教育的目的）的讲学厅，是当时参加科举考试之士获取知识与智慧的讲堂。此为中国最早的明伦堂。

创建明伦堂

**体恤属下，废止株连。**河北禁兵中有逃跑者，按照旧制，其家属要迁居河南一年。有一个逃兵，他的妻子怀有身孕，还要搀扶着身残的老人迁居，走到定州时累得不能再往前走，下属将此事禀告韩公。韩公说："今一人犯法，连累其父母妻子流离于千里之外，甚伤和气。"于是，韩公奏报朝廷批准，只对反叛者用此制，其余全部废止株连制度。

废除株连罪

**兼顾家国，让利于民。**皇祐初年，三司出绢数十万，收购市面上的谷粟，转运司按人户要求变纳见（现）钱，限期很紧。韩公以军储不缺乏为由，奏请朝廷一年后再上交官府，并免除坊郭第四、第五等户交纳，乡民听到可以斛斗折纳，无不欢欣鼓舞。

发布告免赋

**勤政为官，必躬亲临。**以前的官员出知定州，多数只管大事，其他事都委托僚属去办。韩公知定州则不然，事无大小必躬亲临。民有委屈，他亲自访问，对犯法者情况详细查明，或恕，或刑，或杀，以公而断，而刑狱无冤。

勤政为官

**去伪存真，废令惠民。**定州西北近边山林，是为加强边防巡逻所栽，旧制禁止砍伐。常有违反者被绳之以法，使边人或迁居或失业。韩公派遣官吏去视察，发现北境尚有五六十里，足以为防避所用。于是规划界定禁地，揭榜告谕；非令所禁之地，纵民采伐。

废禁伐令民欢

**复见钱法，商兴民赞。**庆历八年，定州在沿边地域废除了见钱法，致使州军现钞积滞，商贾不行，以致造成一斗米贵至七百钱，甚至达到千钱。韩公极力向朝廷请奏复行见钱法，朝廷最终恩准韩公所奏，河北沿边入中粮草，复行见钱之法，边民纷纷称赞。

废除见钱法

**治军楷模，经传诸州。**韩公修明军政，治军有方，凡将士违反军令者都绳之以纪律。尤其仿古法教军，使定州军有力地防范了外寇的入侵。河朔旁所有州郡，都来定州寻经，取以为法，赞韩公为治军楷模。

旁郡来定州寻经

**轻财好施，济困助贫。**韩公礼待贤士，轻财好施，四方之士奔定州者数不胜数。对有难者，韩公必予以周济。有一书生求韩公资助葬亲，韩公赠钱五万，但书生尽为游宴之费。复来求，韩公又赐，僚吏们说："他必是复来欺公。"结果他又诈说被盗，韩公又赐。左右更加愤慨。韩公说："他来诈我，我以诚待。他前日虽妄，怎知今日他不是真的去葬亲呢？"后来，经过查证，书生确实将赠钱用于葬亲了，众人无不感叹钦佩韩公所为。

赠书生葬亲钱

**积谷备荒，方便民需。**韩公以备边积谷为先务，每年都大量籴之，所入谷粟多于其他州郡数倍。后来遇到丰年，入粟者甚多；然而朝廷发给的都是代金券，民众怨声载道。韩公即命出库钱加倍以市，这样于公于民都有利。

民谷入库

**治水除患，恒志可鉴。**韩公奏请朝廷开保州（今保定）徐河大堰，以爱惜民田，但是久未实行。韩公入朝为相后，命令三司判官杨佐等人置立了石堰，防御了河水泛滥，使边民得以免除水患。

防治水患

**威慑北人，民之护神。**在广信军界之地，北人常在夜间掳走边民，并抢夺民财。定武军多次索要，但北人长达一年不肯遣还。当时，定武的旧例规定，不能与敌中公文相通，韩公以出师攻打为策，发檄文告诉对方，北人听闻后非常恐惧，立即悉数归还了所掠的边民及财产。

北人还民

**殚精竭虑，扩库储粟。**定武储粟数百万，其仓房日久失修，主管者每日都在担心忧虑。韩公听说后，下令修葺完整。接着又在城南稍偏处选地一块，建造了大仓，名之曰实廪，列为九区，库屋总数达1600余间。

扩建粮仓

**崇尚孝道，宽待孝行。**有一个兵卒私自逃离兵营，去看望其母，回营后按军法当处斩。这个兵卒说："母亲年老且病，恐怕活不了多久，我怕再不能得见。我也知道擅自离去当死，只要得见母亲一面，死无所恨。"韩公听后，大发恻隐之心，经考察属实后，便释放了他，军中将士无不感动。

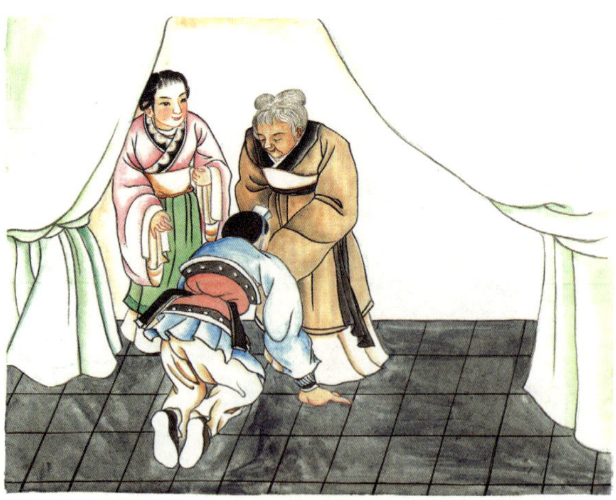

兵卒探母

**顾此及彼，爱兵如子。**有一年霖雨为患，总管狄武襄说公宇漏坏得甚是严重。韩公说："若是如此，士卒的营垒必定也漏坏而不可住了！"武襄听闻之后急忙查看，果然如韩公所料，便把士卒所住诸营都加以补葺，军士们感动地说："韩公对我们的关怀真的胜过父母呀！"

修补士卒营垒

**为民祈福，修北岳祠。**北岳祠在州之曲阳县，年久失修，韩公将其修葺得焕然一新。每逢雨雪不降，韩公就同僚司祈祷于祠下，而神必应之。定州之地连年丰收，故韩公有诗句曰："灵岳祠宫尚未回，六花随祷下琼瑰。"

修葺北岳祠

**聚精苦读，燃须撩袖。**韩公非常喜欢读书，统领定州军政时，白天没有时间，他经常夜间读书写信，让士兵拿着火把在身旁照明。一次，执火把的士兵稍有走神，火把歪后烧着了韩公的胡子，韩公急忙用袖子掸灭，然后照旧写信。过了一会儿，韩公抬头一看，已经换了一个士兵。韩公担心长官会处罚那名士兵，连忙喊长官来，对他说："不要追究他，他已经知道怎么拿火把了。"军中将士都很佩服韩公的宽厚大度。

燃须撩袖

**心系边民，不忘固本。**定武军屯驻扎了太多军兵，每年都要靠其他州帮忙供应军饷，并且要靠衙前的吏卒征召边民逐州撵送过来，致使边民往往破产被遣，甚至有的弃家而亡，极为艰难。韩公上奏："极边之民，无事时且当爱惜，请各州自输。"这样就使州民得到了休养生息的机会。

心系边民

**建阅古堂，以古儆今。**韩公是以先贤功德严于律己的楷模，于郡圃建阅古堂，选前代贤良官将之事可效法者，凡六十条，绘于堂之左右壁。一时名士如富弼、范仲淹等皆为其赋诗，刻古堂上，大加赞颂。韩公所建阅古堂，是中国历史上第一个以先贤功德为座右铭的铭堂，堪称“中国第一铭堂”。

兴建阅古堂

**开创先河，建众春园。**韩公知定州后，开历史之先河，将已破烂不堪的园林重整修缮后，命名为“众春园”，取与民同乐之意。中国最早的园林可追溯到商周时期，但那都是皇家园林和富豪之家的私家花园。一般认为中国最早的“人民公园”在甘肃酒泉，1795 年始建，1880 年正式开放。但很多人不知道，早在 800 多年前，韩琦知定州时就建起了官民同乐的众春园，这才是历史上第一处官民可随意游览的人民公园，堪称“中国第一公园”。

兴建众春园

**挝登闻鼓，振雷霆音。**韩公知定州五年，救民于水火，百姓敬若父母；皇祐三年（1051），本路八州数千州民相约进京挝登闻鼓，请求再留韩三年。皇帝迁升韩琦为观文殿学士再任。范仲淹赞曰：“中山天下重，韩公兹镇临……披开日月光，振起雷霆音。”经查阅史籍，此为历史上最大的一次民众进京请求皇帝挽留任职官员的请愿活动。

数千州民挝登闻鼓

**惊世民愿，情浓感天。**韩公离任时，百姓围阻挽留，不得脱身，他借故逃离，百姓知道后追至北门。门吏奉令不得开门，百姓大哭，官吏也被感动得痛哭，吏民哭声震动原野。

韩琦离定州

**功勋盖世，民敬如神。**韩琦逝世后，士民自发在众春园塑像、树碑、立祠，敬若神灵。逢公祭日，“士女焚香于堂，小民献技于庭者，终日不绝”，以表达对韩公的思念之情。乾隆帝颂道：“事业韩彪炳，明月与清风。”

韩祠祭祀

古官楷模千古颂，韩公恩德万代传。世人对韩琦的怀念之情，感天动地，绵绵不断；对韩琦的感恩祭祀，形式各异，代不乏人。韩琦在中华优秀传统文化史上谱写了绚丽的篇章，在受益颇丰的定州人民心中树起了一座永恒的丰碑。

## 韩公祠沿革千载

韩公祠是定州先民为感谢扶贫济困、造福于民的宋代知州韩琦而建立的公庙，表现了定州民众历来“诚盼好官、崇敬好官、感恩好官”的朴素愿望和良好品德。

韩公祠始建于宋元丰三年（1080）。韩琦任定州地方官时，深得当地百姓爱戴，百姓曾赴京乞求为其立生祠，未获批准。宋神宗熙宁八年（1075），韩琦辞世后，定州士民悲痛不已，州人奔走相告，请求为韩公立庙。元丰元年（1078）十月，北宋定州统帅韩绛知定州。定州乡民见他有韩公之风，又与韩琦同姓，就向他请求为韩琦立庙。韩绛取民所请之意，在文庙西儒学（官学）为韩琦建庙并塑像，于元丰三年正月十九正式落成，当时叫“韩忠献祠”。由定州州学教授郭时亮撰《魏国韩忠献公祠堂记》刻石建碑于祠前，碑石在文庙，碑铭记录了韩公治定的功绩：“昔魏公之守中山，训练卒伍，劝课农桑。兵强民富，政尚宽简，则又建立学校，诱诲其为士者。自彼时至今，民得安堵，而蒙被朝廷之惠泽，又得教其子弟而学先王之道者，皆魏公之力也。”并说明了建堂的缘由和祭祀的时间：“惟我中山之民思魏公之深，而欲为之堂宇，像其容貌，四时祭享，以厌吾思也久矣。愿为堂宇，像其容貌，四时祭享，以厌其思。”

韩公祠建成以后，每逢韩琦祭日，“士女焚香于堂，小民献技于庭者，终日不绝”，但州民仍觉得难以表达对韩公的思念感怀之情。于宋哲宗元祐三年（1088），州民又详述韩公治定30件事迹，长达2970字，在公庙前为韩琦立碑一幢，此碑由衡规撰文刘焘正书写，名曰《韩魏公治绩碑记》。

元祐五年（1090），时任定州知府的三元状元、书法家、论著家王岩叟，奉朝廷诏命，将该祠载入祭祀文册，并亲自撰文立“韩魏公祠绘画遗事碑”一座。此碑至今仍竖立在文庙西侧，系刘安石书写，韩川用篆字写的碑额碑铭。

韩魏公知定州40余年后，元祐八年（1093）九月，苏轼以端明殿、翰林侍读两学士出知定州军州事，并撰《祭韩忠献公文》一篇，赞韩魏公曰：“堂堂魏公，河岳之神。四十余年，其德日新。钟鼎有尽，竹帛莫陈。惟其大节，蔽以一言。”此祭文在今州署韩公祠西屋以浮雕形式展示。

明正统六年（1441），知州许让对韩忠献公祠重新进行了维修，并更名为“韩公祠”。

成化二十年（1484），知州裴泰改建韩公祠在学宫东边，请大学士李东阳为之撰写了碑记。

万历十四年（1586），知州唐祥兴重修众春园，将韩公祠改为乡贤祠，并搬到了众春园。

万历四十五年（1617），知州宋子质建续阅古堂于州署之后，祀魏公（韩琦）的木主于堂上，每月初一、十五各祭拜一次，并把苏公祠（又称苏祠）建于众春园，位置在韩公祠的左侧。

关于苏公祠，《定县志》有一段记载：苏文忠公（苏轼）祠，亦早年所建，具体年代已不可考。正德十年（1515），大学士顾鼎臣为苏公祠撰记，其意大致为：正德九年（1514）十一月，监察御史卢君巡察正定，对众人说："以前韩、苏二公在此地为帅，后人思念他们，以隆重礼节一同祭祀他们，这是在过去文册中有所记载的，如今苏公祠在什么地方呢？"众人茫然无所答，后来卢君看到文昌祠，见其规制、位次与韩公祠差不多，对众人说："这就是苏公祠，后来改成文昌祠了。这是毫无疑问的。"众人醒悟过来，都说："确实如此。"御史卢君遂下令撤掉文昌像，择日祭奠文忠公的神位。正德十四年（1519），知州王琼移祠于众春园，把旧祠改为名宦祠。

按照这个说法，早在1519年王琼就移苏公祠于众春园，与宋子质万历四十五年（1617）在众春园建苏公祠，时间相差近百年。宋子质应为重建苏公祠。但众春园是万历十四年（1586）唐祥兴重修的，有关1519年众春园的情况，史籍无明确记载。

万历二十八年（1600）庚子秋仲，御史吴连可作《题韩魏公祠碑》。

崇祯十一年（1638），知州胡震亨撰《嗣韩堂肖像碑记》。

康熙十一年（1672），知州韩逢庥重修韩、苏二祠。后因康熙皇帝西行巡视，众春园改为行宫，将韩、苏二祠迁到城内东街阳公祠，左右排列，韩、苏二祠合并为一处，塑像改为木牌位。

道光二十七年（1847），行宫被废置。知州宝琳奉诏祀韩、苏二公，在众春园将韩、苏二祠合在一起，由州同劳沅恩书"韩苏公祠"四字，七月落成告交，劳沅恩代宝琳作《重建韩苏祠工竣告交》文告，宝琳亲撰《重修韩苏祠记》。因为韩琦之子韩忠彦继韩公之后曾知定州，苏轼之子苏过曾任定州通判，所以把韩公子忠彦和苏公子苏过陪祀在祠里，并撰《韩苏祠享记》一同刻石立碑留世。

光绪二十八年（1902），为顺应“废科举，兴学堂”之趋势，当地主政者在众春园兴建学校。当时，进园门便是开阔的广场，穿过广场是高高的台阶。进入正门，正门上书“古众春园”四个大字。进入正院，便是坐北朝南悬挂着“韩苏公祠”匾额的祠堂了。祠堂前檐下竖立着许多石碑。

1947 年，定州县城解放时，守护众春园的人员为躲避炮火离职，众春园被毁，遗存近 900 年的韩苏公祠也随之灰飞烟灭了。

2007 年 11 月，光明日报出版社出版了《中国全史》，在“圣贤之神”一节载：宋代祠祀的对象包括“先贤名哲道德之士，御灾捍患以死勤事功烈之臣”，圣贤之士、忠烈之臣常能体现一种人的善性力量，为后代所膜拜。这些人神的祠庙有官方立的，也有民间立的。如“定州韩琦庙。韩琦任定州地方官时，深得当地人推崇，百姓曾赴京乞求为其立生祠，当时虽未获批准，但在韩琦去世后‘州人竞为公庙，后又诏载于祀典’”。“民众对于有德之人、廉洁之官是常常追念的”。

2015 年，定州市复建了定州署，在衙署前广场竖起了高达 10.5319 米（韩琦离定时间）的铜像。重建韩公祠并以图文并茂的方式设立“州署‘韩祠’”展馆，以达知古鉴今，彰显定州丰厚的历史文化之果。

## 韩公功勋千古颂

庆历元年（1041）十月，北宋朝廷命韩琦、范仲淹共守西陲。二人同心协力，威震西夏，使边防稳固，社会安定。边塞传诵歌谣称赞二人：“军中有一韩，西贼闻之心骨寒。军中有一范，西贼闻之惊破胆。”西夏在战争中虽多次获胜，但损失也很大，人心厌战，民怨沸腾，于是宋夏开始转入旷日持久的“庆历议和”局面。在边界形势稍趋缓和的情况下，庆历三年（1043）四月，韩琦、范仲淹奉调回京，同任枢密副使（枢密使为杜衍）。当时国子监直讲（学官名）石介听说韩、范二人来朝中供职，特意写了一首《庆历圣德颂》，其中称赞韩琦说：“予早识琦，琦有奇骨，其器魁落，岂视店楔。其人浑朴，不施剞劂。可属大事，敦厚如勃。琦汝副衍，知人予哲。”（勃，西汉开国将领、宰相周勃；衍，北宋名臣杜衍）。

韩琦在定州衙署专辟一堂，选有功社稷、有益百姓的历史人物，抒写其事迹以激励自己教育官员，取名为“阅古堂”，并撰写《阅古堂记》。举国上下云集响应。北宋名相富（弼）郑公撰《阅古堂序》曰：“天下十八道，惟河北最重。河北三十六州军，就其中又析大名府，定州、正定府，高阳关为四路，惟定州最要。定为一路治所，实天下要冲之最。”他高度赞扬了韩公治定的功勋，说：“天子图公之功，诏加大学士。”

范仲淹作《阅古堂诗》，长达82句、400余字：“中山天下重，韩公兹镇临。堂上绘昔贤，阅古以儆今”“王道自此始，然后张薰琴”“披开日月光，振起雷霆音”“所以作此堂，公意同坚金”，并赞颂韩公“汉唐功必寻”。

欧阳修撰《韩公阅古堂》诗：“循吏一州守，将军万夫敌。於公岂止然，事业本社稷。富寿及黎庶，威名慑夷狄。”并称其“临大事，决大议，垂绅正笏，不动声色，措天下于泰山之安，可谓社稷之臣”。

嘉祐元年至四年（1056—1059），龙图阁学士王素知定州。对阅古堂进行保护修缮，还将韩琦、富弼、范仲淹、欧阳修诸人之诗刻于石板，传之久远。

韩琦离开定州后，“宋学先驱”，北宋著名文学家、史学家、词人宋祁由知成德军升为礼部侍郎，改知定州。上任伊始，宋祁即兴作《听说中山好》诗一首：“听说中山好，韩家阅古堂，画图名将相，刻石好文章。”又作《阅古堂》一首：“堂皇对岑蔚，欢酌坐怡然。蟹美持螯日，鲂甘抑鲊天。渚翘幽处鹭，林响静时蝉。老去兴非浅，无妨清夜旋。”

神宗熙宁八年（1075）八月十二日，韩琦去世，享年68岁。《宋史》载：“前一夕，大星陨于治所，枥马皆惊。帝（宋神宗）发哀苑中，哭之恸。辍朝三日，赐银三千两，绢三千匹，发两河卒为治冢，篆其碑曰‘两朝顾命定策元勋’。赠尚书令，谥曰忠献，配享英宗庙庭。”

《宋史》曰：“琦蚤有盛名，识量英伟，临事喜愠不见于色，论者以重厚比周勃，政事比姚崇。其为学士临边，年甫三十，天下已称为韩公。嘉祐、治平间，再决大策，以安社稷。”“琦天资朴忠，折节下士，无贱贵，礼之如一。”“琦相三朝，立二帝，厥功大矣。”宋徽宗追论琦定策勋：在朝中，他运筹帷幄，使“朝廷清明，天下乐业”；在地方，他忠于职守，勤政爱民，是官僚的楷模。

南宋国子司业兼修国史、礼部侍郎兼同修国史、实录院同修撰李寅仲作《齐天乐》（寿韩郡王）一首以纪念韩公：“摩挲阅古堂前柳，尽是世臣乔木。故国风流，中兴事业，都写南山修竹。商颜自绿。甚当日君王，浩歌鸿鹄。谁识宫中，有人先定大横卜。簪貂更鸣佩玉。退朝归较晚，留传黄屋。雨露无边，风云在手，宜享长生福。神京未复。看先取鸿淘，次封函谷。岁岁初寒，小桃花下跨青鹿。”

700余年后，乾隆皇帝南巡和西巡五台山曾五次驻跸定州众春园行宫，御制咏韩苏、众春园和雪浪石等诗30首，其中有13首是赞颂韩琦功绩的。乾隆五十七年（1792）驻跸定州，三月由五台山回，銮至定州驻跸，御制诗《定州咏韩苏甲乙》曰：安喜无过百里郡，韩苏梁栋用违材。韩犹倚任苏频斥，琦以行彰轼语恢。甲乙两人于是定，品评七字岂虚裁。荀卿曾议十二子，吾谓东坡诚有哉。又留《定州览古》一诗：迤逦中山境，林端夕照红。逢秋农有庆，阅古兴无穷。事业韩彪炳，文章苏趫雄。千秋遗矩在，明月与清风。

光绪二十七年（1901）庚子事变以后，慈禧太后和光绪皇帝从西安返京，路过安阳拜谒韩公庙，光绪皇帝题写了“适时济物”匾额，慈禧太后也题写了“器博道宏”匾额，如今两块御匾皆挂在安阳韩公庙内。

《四库全书总目提要》评价韩琦：琦历相三朝，功在社稷。生平不以文章名世，而词气典重，敷陈剀切，有垂绅正笏之风。

# 第十二章 州署牌匾与楹联

牌匾文化是中华优秀传统文化中一道独特的风景线，自秦汉以来延绵 2000 多年。楹联文化是中华优秀传统文化的瑰宝，始于五代十国时期，盛行于明清。纵观各种牌匾、楹联，历经千年沉淀与打磨，成为我国传统文化中一个自成体系的分支，充分表现了我国人民向往的美好愿望、幸福追求和欣赏趣味。二者不仅形成了一种社会风尚，而且在衙署也成了封建皇权文化的重要组成部分，衙门的建筑离不开牌匾、楹联的装饰。定州署内有 101 副楹联、85 块匾额，内容丰富、风格多样、意境深远，既彰显了衙署文化的丰富内涵，也凝结了独特的地域文化特色。其中一些有关勤政敬业、反腐倡廉和执法理念的牌匾、楹联，在当今仍有一定的借鉴意义。在定州署的装修过程中，其牌匾、楹联诚请了我国 40 多位著名书法家撰写。同时，还选录了乾隆皇帝和范仲淹书写的匾额。定州署堪称一座名副其实的『牌匾、楹联、书法大观园』。

## 州署牌匾

定州是古中山国的都城，自公元前414年中山武公居顾后，两汉、魏、晋相继置中山国。公元384年，慕容垂称帝定都中山，建立后燕。北魏仍称中山，设中山郡府。隆安二年（398）春，置行台于中山，宋、金、元定州为中山府，洪武元年（1368）改中山府为定州。“中山”之名在定州使用了近1800年。雍正八年（1730），知州王大年翻修署衙鼓楼，在额首题“古中山国”四字。

“中山天下重”是范仲淹在《阅古堂诗》中作为首句对定州之称。诗句恰如其分地阐明了中山定州地域所具有的独特作用，今作为匾额悬挂在复建州署谯楼上。展开历史的画卷，“冀之肩背”“河北雄郡”“扃钥重地”“北方门户”“控燕陲之巨防”“地居冲要”“中山险固”“建隋之基”“惟定州最重”“实天下要重之最”，皆阐明了“中山天下重”的地域价值。定州这方宝地在历史长河中：

华夏五千年，中山天下重。尧帝始封国，武公列八雄。

秦皇临燕地，西汉靖王宫。光武复汉始，魏晋袭都城。

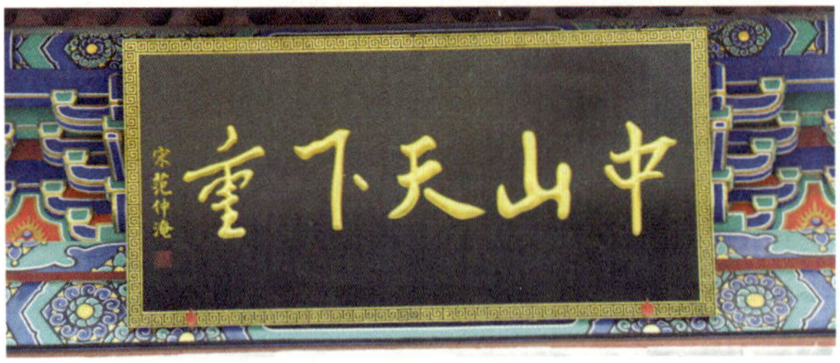

慕容称帝业，北魏行台厅。杨坚创隋基，唐疆扃钥屏。

宋辽边陲境，女真筑金营。元蒙争雄关，巨防固明清。

“定州署”是州署正门的匾额，由中国书法家协会名誉主席、著名书法家沈鹏题写。

“天下为公”是州署戒石坊的上方南面楣额，出自《礼记·礼运》：“大道之行也，天下为公。”原意是天下是公众的，天子之位传贤而不传子，后成为历朝历代统治皇权的一种政治理想。

“天地正气”“思补堂”“玉壶堂”，是衙署大堂、二堂和三堂牌匾，由中国书法家协会会员、军旅书法家张明奇题写。

“清如镜水”是定州署三堂内的一块古匾，其意是为官要清廉，断案要公正，当一个清如水、明如镜的好官。此匾由中国科学院情报中心副主任、书法家、博士生导师辛希孟题写。

乾隆皇帝巡幸定州时驻跸众春园行宫，为颂扬韩琦功德，御笔题写了“事业韩彪炳”巨幅匾额。

万历四十三年（1615），知州宋子质于衙署后修建续阅古堂，以奉祀韩魏公，匾曰：先哲遗踪。

## 仪门

六国置都七朝州府，

据扃钥地链（连）京津冀，

千里平川书锦绣；

一塔镇州八景耀城，

观雪浪石续阅古堂，

万件瑰宝誉中华。

（佚名 / 撰　张永辉 / 书）

这副楹联的意思是，古城定州历史上曾是六国的都城，七朝的州、府治所，位扃钥之地，连京津冀之腹，千里平川的沃土书写着绚丽的篇章；有中华第一塔镇守在定州大地，有“古八景”展示着古城丰富的历史文化底蕴。在这里，可观看大宋第一石“雪浪石”和华夏第一座以古代先贤阅古儆今、律己教民的铭堂——续阅古堂，还有 5 万余件文物在定州博物馆展示。

## 仪门内

为政不在多言，须息息从省身克己而出；

当官务持（识）大体，思事事皆民生国计所关。

（清 · 赵慎畛 / 撰　宗成振 / 书）

此联是为官 40 余年的清朝官员赵慎畛的自律联。其意为：施政不需讲许多大话空话，要从实际出发，求真务实，身体力行；当官的务必要识大体、顾大局，要认识到每件事情都是关乎国计民生的大事。

**大堂外柱**

吃百姓之饭，穿百姓之衣，

莫道百姓可欺，自己也是百姓；

得一官不荣，失一官不辱，

勿说一官无用，地方全靠一官。

（高以永 / 撰　李静伟 / 书）

上联是说官员吃的、穿的、用的全都来自老百姓，不要以为自己当了官就可以高高在上，就可以欺负老百姓，为官的应该时刻记住自己也是老百姓。下联是说拥有官职，谈不上什么荣耀，为百姓而丢掉乌纱帽，也算不上什么耻辱，不要说地方官起不了多大作用，其实百姓的安居乐业全靠地方官。此联是清朝内乡知县高以永所撰，内容通俗易懂，语言简朴而寓意深远。此联曾得到习近平总书记的赞赏，成为名联。

**大堂外金柱**

清廉自励循律度，

恪勤匪懈理民情。

（张继宗 / 撰　刘金凯 / 书）

此联的意思是为官要清正廉洁，自勉自励；恪守勤政为民的理念，夙夜不懈怠地为百姓办实事。

**宅门**

鼎存梦里图变图强，当用嘶风马，

民系心中克勤克俭，何需（须）实草人。

（佚名 / 撰　贾文曦 / 书）

此联中的“鼎”字是古代立国的重器、皇权的象征；“嘶风马”是驰骋似风的骏马，这里指智勇双全的贤臣良佐；

“实草人”是外表只有一张人皮，腹内充满稻草的人，这里指懦夫。这副楹联上联是说，要想开山扛鼎、图变图强创立宏伟的基业，就必须选用智勇双全的贤才良将；下联说，百姓的事无小事，都是事关国计民生的大事，要时刻铭刻心中，要克勤克俭，克服一切艰难险阻为民谋福，决不能任用庸才懦夫误国殃民。

### 宅门北

宽一分民多受一分赐，

取一文官不值一文钱。

（佚名 / 撰　云志功 / 书）

这副对联的意思是说，当官施政如果宽厚一点，老百姓就能多得到一点实惠；如果非法索取钱财，那就丧失了人格，自己也变得一文不值了。

### 三堂外柱

官廉风清民心顺，

法理公正百姓安。

（张继宗 / 撰　陈金奎 / 书）

此联的意思是，为官要廉洁奉公，社会风气清正，才能取得民众诚心的拥戴；执法公正，百姓才能安居乐业，社会才会祥和。

### 三堂内柱

府外四时春和风甘雨，

案头三尺法烈日严霜。

（王龙中 / 撰　王龙中 / 书）

上联，“府外”即州署衙门之外，意指祥和的府外有和风甘雨，百姓安居乐业地过着太平日子；下联，衙门大堂公桌上的三尺法案，是严厉执法不讲情面的，如果犯法就会受到惩罚。

### 大仙阁

送福赐禄降祥瑞，

尽职守印佑清官。

（任振焦／撰　由雄伟／书）

此联的意思是，大仙阁是州官供奉狐仙护印神的地方，盼望着护印神多送福赐禄普降祥瑞；护印神尽职尽力守卫着印信，防止被盗丢失，保佑清官平安无事。

### 大仙阁内

仙佑紫印仕途广，

楼集灵气境界宽。

（张继宗／撰　常秀林／书）

此联的意思是，期盼护印大仙保护好印信，保佑州官官运亨通，平步青云；大仙阁楼内集聚着灵气，使州官为民办事的境界宽广，多行善政。

### 缮状房

有屈有冤尽管详诉，

能忍能让切莫轻来。

（张继宗／撰　王祖祯／书）

缮状房是代写诉状的地方。缮状房门前这副对联的意思是说，有什么委屈和冤情，可以到这里来详细地诉说，此处为你写状申冤；但是，如果没有太大的冤情，能忍让过去的，最好是忍让过去，尽量不要轻易到这里来告状，要懂得“见官三分罪，退一步海阔天空”的道理。

## 永定驿二楼正门

铁骑飞踏中山道，

驿站频传捷报声。

（张继宗 / 撰　王建勋 / 书）

此联的意思是，驿卒骑着矫健的骏马来回飞奔在中山大地的驿道上；通过驿站频繁地传递着胜利和喜庆的消息。

## 永定驿二楼正门外

永定驿布妻救刘秀，

卢奴城光武觅烈妇。

（张继宗 / 撰　张照 / 书）

此联的意思是，汉代定州永定驿驿卒张布之妻曾在此救刘秀脱险；光武帝刘秀称帝后，曾派人到卢奴城寻找救命恩人，可惜恩人已经遍寻不见，但这一典故流芳千古。

## 永定驿正厅西展室

此处备官差饮马，

时来为商旅通关。

（王利民 / 撰　张建民 / 书）

此联的意思是，驿站内为来往官差和驿卒做好了食宿与换马的一切准备；随时可以迎接招待过往的商贾旅客。

## 韩公祠西展厅

与众思偕乐蔼然社稷臣，

有堂惟阅古为囿亦同民。

（清·刘曾璇／撰　赵文国／书）

此联由清朝定州学正刘曾璇所撰，意思是在众春园游览要思念北宋社稷之臣韩琦，历史上的铭堂唯有阅古堂。为囿：“囿”是古代供帝王贵族狩猎、游乐的园林，但这里的“囿”指众春园，它是允许平民百姓与官吏同乐的“囿”。有堂惟阅古为囿亦同民，阐明了阅古堂和众春园在历史进程中的前瞻性意义。经查阅史籍及反复论证，阅古堂是华夏历史上最早的以先贤楷模为左右的“铭堂”，众春园是最早的“人民公园”。

## 韩公祠西展厅外

亦将亦相不羞世圃秋容淡，

又文又武且看黄花晚节香。

（高军法／书）

此联选用了河南安阳韩庙堂柱的楹联。“虽惭老圃秋容淡，且看黄花晚节香”是韩琦所著《九日水阁》中的名句。本联稍作修改，将“虽惭老圃”改为“不羞世圃”。菊花又称黄花，韩琦因其迎风霜而怒放，极喜欢菊花，他坐镇北京（大名府）时，重阳节宴饮僚属，即席作诗颂菊花，“虽惭老圃秋容淡，且看黄花晚节香”，以诗言志，以物托情，表现出韩琦重视节操，尤重保持晚节的品格。“圃”是菜园子，“黄花”指秋菊。这两句的意思是不要嫌弃深秋菜园里群芳凋谢、秋景黯淡，且看那四大名花之一的菊花，在凉爽的晚秋依然芬芳斗艳，送来阵阵芳香。借用韩琦的名句，又与韩琦在宋朝“亦将亦相”“又文又武”，不仅一生“功勋卓著”，而且保持晚节、余霞满天的生平十分契合。留世韩公祠堂前柱为联，美不胜收哉。

### 马神庙前院

宋祖安喜塾结盟建宋，

唐宗中山宴东征兴唐。

（张继宗 / 撰　张书良 / 书）

此联说的是“唐宗宋祖”两位皇帝与中山古都定州的渊源。上联：宋太祖赵匡胤是安喜（今定州）人杜太后之子，他幼时曾在定州读私塾，与柴荣、郑子明义结金兰。后来他在陈桥驿“黄袍加身”，建立了北宋。下联：唐太宗李世民于贞观十九年（645）东征高句丽，让太子李治在定州监国，驻跸开元寺，凯旋时唐太宗在定州大摆庆功宴，即兴赋《宴中山》一首留世。

### 戏台南外

文人举笔写成万卷皆无字，

武将操刀杀尽千军俱有头。

（佚名 / 撰　石英保 / 书）

此联是对戏剧中表演情节与剧外现实的风趣比照。文人在戏台上举笔写书万卷，但实际上是一个字都没有写；武将在剧中操刀杀尽了千军，但没有一个人掉脑袋。

### 复阅古堂

登斯堂焉想当年图炳丹青犹今视昔，

俟有道耳冀他日风标清白与古为新。

（刘俊京 / 书）

此联是道光二十八年（1848），知州宝琳改建东客厅，重修阅古堂，题名“复阅古堂”后所撰。上联的意思是，登进此堂，就想到当年韩琦将60名先贤的画像和事迹，图炳在堂内，奉劝人们效仿古昔先贤；下联说的是，要践行为人、为事之道，希冀将来成为品格高尚、名节清白之人。

### 定武书院

风月夹名城，大夫造就人材（才），须知一品题便作佳士；

华年输矮屋，诸子考商文学，敢云三折肱即是良医。

（清·劳沅恩／撰　任义发／书）

坐落在清风明月两镇所夹的定州城内的定武书院，原名奎文书院。道光二十八年，知州宝琳恢复了“定武书院”的原名。劳沅恩为书院撰写了此联，鼓励学子华年刻苦攻读，只有写出一流的文章才能功成名就；有了多次治疗断臂的经验方能成为良医。

### 州署接待处

视游客胜亲人热情接待，

临岗位如使命尽心职守。

（任振焦／撰　冯娟／书）

接待处是为游客提供服务的场所，所以必须要事事为游客着想，做到视游客如亲人般，并热情接待，临岗位如使命尽心职守。

### 大堂外二柱

官不怜民那知稼穑皆艰苦，

天若有眼应使污吏尽回乡。

（佚名／撰　王振声／书）

此联的意思是，当官若不怜民众，那他就不知道百姓春种秋收的艰苦；这样的贪官污吏，若老天有眼，就应该让他尽早回家或接受稼穑之辛劳教育。

### 大堂内柱

忧国抚民公廉施政执法纪，

惩恶扬善从严治军筑长城。

（张继宗 / 撰　张明奇 / 书）

此联有双关语，意思有二：一是为官要忧国抚民，公正廉明地施政执法，要惩恶扬善，因为定州署有戍边御敌的职能，还要从严治军，筑起巩固边陲的长城；二是州署大堂雕有北宋韩琦知定州时“从严治军”使定军精劲冠河朔的蜡像场景，纪念和赞颂了“古官楷模”韩琦当年“忧国抚民公廉施政执法纪，惩恶扬善从严治军筑长城”的丰功伟绩。

### 吏科

荐贤选能举才俊，

核绩考政委栋梁。

（张继宗 / 撰　辛希孟 / 书）

吏科相当于我们现在的组织人事等部门。旧时，吏房掌管本州所属吏员的升迁调补、下委任状、州衙内勤，登记本州的进士举人，管理乡绅、丁忧以及本州在外做官人员的出身、成分、任职等事宜。这副楹联的意思是，推荐和选拔官员，一定要严格把握标准，把真正的贤能才俊举荐出来；要认真考察核实官员的勤政廉洁和品德政绩，选拔德才兼优的栋梁之材。

### 户科

济世安民帮扶佐，

敛赋理财清俭廉。

（张继宗 / 撰　辛希孟 / 书）

户科相当于我们现在的民政、财政、税务、土地等部门。户科在旧时的职责，主要掌管全州民政财政赋税、田土、征税纳粮、灾荒赈济等事宜。这副楹联的意思是，户科一定要从济世安民的大局出发，多做帮贫扶困佐政的善举；征收赋税，收敛财物，赈济灾民要公平合理、清廉俭朴。

## 礼科

兴学育德倡礼仪，
立章定制构文明。
（张继宗／撰 辛希孟／书）

礼科相当于我们现在的宣传、教育、文化等部门，主要是掌管全州的教育、学校、礼仪、祭祀、文化、节庆等事宜。这副楹联的意思是，兴学育才要重育德，崇尚倡导礼仪；要制定典章制度，构建文明向上的社会风气。

## 兵科

储军藏粮防战祸，
蓄精养锐固边陲。
（张继宗／撰 辛希孟／书）

兵科相当于我们现在的人民武装部，主要掌管全州兵丁、马匹的征集，训练丁壮、考试、向上输送兵员等事宜。这副楹联的意思是，要储备强大的军事力量，广积粮草，随时防备战祸，防患于未然；蓄精养锐，巩固好定州这一边陲安防重地。

## 刑科

依律为绳彰正理，
据法量刑天下公。
（张继宗／撰 辛希孟／书）

刑科相当于我们现在的公、检、法、司等部门，主要是协助知州受理案件、破案侦缉、验尸填报、堂事笔录、拟写案牍、管理刑狱等事宜。这副楹联的意思是，要以典律为准绳，维护和彰显世间正理；必须严格依据法典规定量刑，这样才能做到天下为公。

### 工科

鸠工选材琢精品，

开路架桥造良工。

（张继宗 / 撰　辛希孟 / 书）

工科相当于我们现在的城建、水利、交通等部门，主要是掌管全州的工程营造，兴修水利，修整衙署、城池、仓库、桥梁、祠堂、寺庙，铸造银两、枪械等工程项目。这副楹联的意思是，招聘工匠、选择建材要精心，雕琢精品；一定要修建结实的道路、桥梁。

### 二堂外柱

养天地正气，

法古今贤人。

（唐・杜甫 / 撰　张同印 / 书）

此联摘自杜甫诗句，意思是培养天地间刚毅不屈的浩然正气，效法古今道德高尚的圣贤。为何要“养天地正气”，因为人的正气不是与生俱来的，正如邪气也不是固有的一样，正气是需要培养的。“养天地正气”，最早见于《孟子・梁惠王上》的“吾善养吾浩然之气”“况浩然者乃天地之正气也”。后经文天祥的《正气歌》，其内涵得到了充分扩展，将“天地正气”赋予高尚品德、坚贞气节、疾恶如仇、维护正义和为民效力等内涵，追求尽善尽美的个人道德情操，培养顶天立地之人格。

### 聚胜楼

亦欲观古人之象，

可以举前事为师。

（清・劳沅恩 / 撰　王振声 / 书）

此联的意思是，欲效法古代先贤，就要以他们为榜样，以他们为师，学习他们的好经验、好做法。

### 东署弓箭社展馆

带弩而锄弓箭社发源在此地，

佩剑而樵宋王朝传法遍神州。

（张继宗 / 撰　王祖祯 / 书）

此为历史上弓箭社发源地展馆的大门楹联。意思是，北宋时期，以“自卫家身”为目的，以“带弩而锄，佩剑而樵”边农边武的模式，活跃在民间长达 120 多年的弓箭社，它的发源地就在定州。宋王朝曾诏命将这一做法推行到全国各地。

### 东署弓箭社展馆内

宝塔料敌御贼掳，

民团戍边振雄风。

（张继宗 / 撰　王祖祯 / 书）

此联的意思是，定州的中华第一塔，在古代曾起到瞭望敌情、防御外敌侵略的作用，故称“料敌塔”。弓箭社是宋代民间自发性的武装结社组织，在抵御外患和保卫乡村安全方面发挥了重要作用。

### 土地庙

土生万物恩泽乾坤福，

地育众灵普降世间祥。

（张继宗 / 撰　王祖祯 / 书）

此联是土地庙大门的楹联，意思是，土里可以生出万物，养育天下人，造福人间；地里孕育着众生灵，给世间普降祥瑞。

### 永定驿正厅内

驿站通胡汉，

天涯接比邻。

（王利民 / 撰　张建民 / 书）

此联的意思是，古代驿站通过传递信息，可以加强汉族与各少数民族的沟通交流，使相距天涯之远的人能够如邻里那样亲近。

### 永定驿正厅东展室

永定驿古有何公兴逆旅，

安喜县今展张飞鞭督邮。

（张继宗 / 撰　王祖祯 / 书）

此联的意思是，唐代永定驿的驿长何公（何明远）曾在驿站周边大兴逆旅（私人旅馆），接待往来旅客；三国时期，张飞在安喜县驿站鞭打督邮的故事，现今以雕塑的形式在永定驿展室展示，供旅客游览观赏。

### 永定驿正厅门外

滱水焕春　五彩祥云拥古塔，

沙河织锦　千秋皓月沐名城。

（桂绿岩 / 撰　赵文国 / 书）

滱水，定州境内的唐河。唐河的风景非常秀丽，古称“唐水秋风”，曾为“古八景”之一，今又焕发了青春，五彩祥云拥抱着千年古塔，意指笼罩着定州大地；沙河，即定州境内河流之名称，“织锦”的寓意颇深，隋唐时期定州是我国北方的丝织品中心，贡绫量超过其他州约百倍，产品曾通过丝绸之路出口世界各地；同时也意指勤劳智慧的定州先民织就了定州绚丽的千古蓝图，像千秋皓月沐浴着历史文化名城。

### 永定驿院东展室

中山沃土邮路流连策马驰，

驿站福祉递途注返随符传。

（张继宗 / 撰 王祖祯 / 书）

此联描述的是中山大地邮驿的地理环境，意思是在中山沃土的康庄大道上，可以任驿夫骑马流连奔驰；在永定驿这一祥和之地，可以放心地传递邮符。

### 永定驿院西展室

盛唐明远主三驿，

亘古绫机第一家。

（张继宗 / 撰 王祖祯 / 书）

此联是永定驿内唐代历史名人“何明远展室”门口的楹联，表述的是盛唐时期，当时定州永定驿的驿长何明远，管理着三个驿站，并在三个驿站旁开办了许多私人旅馆；之后，何明远又办起了拥有绫机五百张的大厂，成为华夏历史上第一大私营纺织厂。

### 永定驿前院东展室

邮吏往来如穿梭，

驿马驰骋似流星。

（张继宗 / 撰 王祖祯 / 书）

此联反映出了古代永定驿邮驿的繁忙景象，邮吏们来来往往，像织布之梭那样繁忙；八百里加急的驿马驰骋起来，像流星那样快捷。

### 永定驿前院西展室

寸草饲马储精锐，

分驿扬鞭踏征程。

（张继宗 / 撰 王祖祯 / 书）

此联是永定驿饲马房门口的楹联，上联是说：驿马是保证驿传正常运行的重要交通工具，所以要选用细草优料饲养好驿马，使其储精养锐，随时准备奔赴驿途；下联是说：按照邮传的任务所需，分别按送达的驿路，扬鞭催马奔征程。

### 马王殿

三眼华光传捷报，

老马识途报主恩。

（赵永宾／撰　由雄伟／书）

此联是马王殿的楹联。马王爷三只眼，又称“三眼华光”。从古至今，马与人类关系密切，古人对马的崇拜历史悠久，明代时把马纳入正祭体系。楹联的意思是说马王爷传来了喜讯；“老马识途”是一个成语典故，齐桓公应燕国的要求，出兵攻打入侵燕国的山戎，迷路后，放出老马，大部队跟随老马找到了出路。

### 马祖殿

房驷腾辉流云顾影，

虔诚不悔指日成功。

（张继宗／撰　由雄伟／书）

此联是马祖殿的楹联，“房驷”是二十八星宿之一，即天驷星。这副楹联的意思是，房驷腾辉，万马奔腾似彩云流影；虔诚不悔地祭祀马祖，事业定会指日成功。

### 马王母殿

一拜二跪三叩首为求子而来，

四表五供六烧香盼遂愿且归。

（张继宗／撰　王祖祯／书）

此联是马王母殿的楹联。马王母，又称送子娘娘。民间久婚不育者常到此求子。此联表述的是虔诚求子者来殿奉神的仪式程序、供品名称和祭拜的愿望。下联中的“表”指“黄表大书”，是用黄纸制成的大信封，内装用金银纸制作的元宝，并把供品名称和信徒诉求写在纸上装进“表”内，完成摆供品、拜、跪、叩首程序后，用火点纸、烧香，同时点燃“黄表大书”，至此，祭拜仪式全部完成。

### 马神庙

闻鸡起舞贤良励志千古颂，

枕戈待旦名将报国万世传。

（张继宗 / 撰　张书良 / 书）

此联的意思是，定州历史名人晋将刘琨留世激励后人立志的“闻鸡起舞”“枕戈待旦”的成语典故和他忠心报国的精神，千古颂、万代传。

### 马神庙前院

中山宝塔千秋史，

古都绿州一扇屏。

（张继宗 / 撰　王振声 / 书）

此联的意思是，中山的中华第一塔，已有千秋的历史；古都绿州（指定州）就像一扇奇美无比的画屏，绚丽多彩。

陋室铭禹锡作赋喻世，

桃花缘崔护吟诗扬名。

（张继宗 / 撰　张书良 / 书）

此联是纪念和赞颂唐代定州两位历史名人及他们的名作，一个是杰出的诗人、文学家、哲学家、思想家刘禹锡和他所撰的喻世名文《陋室铭》：山不在高，有仙则名。水不在深，有龙则灵；一个是诗人博陵（今定州）人崔护及他的《题都城南庄》：去年今日此门中，人面桃花相映红。人面不知何处去，桃花依旧笑春风。

## 戏台北中

登台六七人好似百万雄兵，

出门三四步宛若千里征程。

（张继宗／撰　张书良／书）

此联是对戏剧表演夸张艺术的生动描述。戏台上仅有六七个人的表演，就展示出了百万雄兵的壮阔景象；台上转几圈走上三四步即达千里之遥的征程。

## 戏台南中

切莫认真转眼荣华空闹热，

勿休作假动人忠孝可兴观。

（佚名／撰　王龙中／书）

此联的意思是，看戏切莫要认真，剧中的荣华富贵，转眼就化为乌有，只是空热闹了一番；勿说休要作假，那是因为戏中非常感人的忠孝典范，不仅可以尽兴观赏，还要鼓励社会大兴这种忠孝风尚。

## 韩公祠正门

出将入相定策元勋，

琦有奇骨民敬如神。

（张继宗／撰　王祖祯／书）

此联是韩公祠正堂门柱的楹联，意思是，韩魏公在北宋出将入相，因功勋卓著，被宋神宗御赐"定策元勋"；"琦有奇骨"是国子监直讲石介赋诗中的赞句，"民敬如神"是定州百姓对恩公韩琦祭祀活动的真实写照。

## 韩公祠正门外

堂开阅古园集众春观后乐以见先忧未忘天下，

村尚名泉斋犹贮石仰文明不掩经济称到如今。

（清·宝琳／撰　王振声／书）

此联是清代知州宝琳为赞颂韩琦、苏轼两位名宦而作。上联称赞韩琦知定州创建了阅古堂以古儆今，建造了众春园供吏民同乐，可见先贤忧国忧民未忘天下的忠君爱民情怀。下联“村尚名泉”指定州有个村庄，位居唐河岸黑龙泉旁，为纪念苏轼将南稻北移至此，并留有“稻秧歌”传世，故取苏轼之姓，取黑龙泉之“泉”字（另一种说法是取苏轼之父苏洵的自号“老泉”之名），而起名“苏泉”。“斋犹贮石”指定州雪浪斋内保存着大宋第一石——雪浪石。瞻仰古迹和传承古代文明，切莫忽视它的历史价值和作用。

**韩公祠堂内**

知定五载州民进京击登闻鼓，
创史四最范相赋诗振雷霆音。
（张继宗／撰　赵文国／书）

上联的意思是，韩魏公知定五载，善政不胜枚举，三千多州民从定州徒步到汴京击登闻鼓，请求皇上破除三年改任制度，留韩公再任；下联是说，韩琦在定州的功绩创了四项“华夏历史之最”，名相范仲淹赋诗中有“振起雷霆音”之赞语。

**韩公祠东展厅**

迤逦中山境，阅古兴无穷。
事业韩彪炳，林端夕照红。
（赵文国／书）

此联是摘选自乾隆皇帝幸五台山，驻跸定州时御制《定州览古》中的诗句。原诗如下：迤逦中山境，林端夕照红。逢秋农有庆，阅古兴无穷。事业韩彪炳，文章苏趫雄。千秋遗矩在，明月与清风。

**韩公祠南展厅**

韩业苏才一青史，
明月清风两故人。
（赵文国／书）

此联借鉴了乾隆皇帝南巡驻跸定州众春园，御制《晓发定州作》诗。意思是，韩琦的卓著功绩和苏轼的旷世奇才，一起留在了定州的青史上；明月、清风是定州的两个古镇——明月店、清风店，意指这两位大名鼎鼎的故人同朝出于物华天宝、人杰地灵的定州。

### 苏公祠南展厅

韩园苏石千秋炳，

琦堂轼醪万戴传。

（任振焦／撰　赵文国／书）

此联的意思是韩琦所建的阅古堂、众春园和苏轼所留的雪浪石、中山松醪赋都在定州彪炳千秋，传承万代。

### 架阅库

书笺警示当朝吏，

竹简传承后世官。

（张继宗／撰　赵文国／书）

架阅库是定州署的典册房。此联的意思是，记载各种法律案例的文书可以为当今的官吏办理案件提供参考；记载各项法律规制的竹简可以让后世的官员处理事务时有所遵循。

### 桃李馆

欺人如欺天毋自欺也，

负民如负国何忍负之。

（魏象枢／撰　由雄伟／书）

此联的意思是，百姓为天，欺压百姓就如同欺负上苍，千万不能做伤天害理、败坏名声的事；辜负老百姓就是辜负国家，怎么能忍心这样做呢？这副楹联是清代御史魏象枢所撰。此联把欺人与欺天、负民与负国有机地结合起来，体现了封建统治者“天人合一”的政治理念和爱民自警的民本思想。

### 师竹院

勤勉勿诉苦公廉不道贫，
见利勿忘义诚实不相欺。
（任振焦／撰 王龙中／书）

师竹院是古代师爷居住的地方。师爷是帮助知州更好地治理州民的僚属。这副楹联的意思是师爷勤勉辅政，再苦再累也毫无怨言，廉洁奉公不说贫寒；见利不忘仁义，信守诚实，绝不欺瞒。

### 定武书院

有关家国书常读，
无益身心事莫为。
（任义发／书）

此联选自《兰亭序》的一处对仗《兰亭集序》集字联，是中国革命家和教育家徐特立 1938 年赠给青年朋友的对联。上联“家国”，即家与国，亦指国家，其意是奉劝人们要经常读有关国家大事的书籍，树立崇高的理想，培养爱国情操；下联是说，对身心无益的事情千万不要去做。

劝子勿为官所腐，
知君欲以诗相磨。
（任义发／书）

此联是梁章钜好友余应松为官赴任时，梁章钜集苏轼诗句所赠。上联是苏轼贺刘发得官时的告诫之句，下联是苏轼唱和张近之句。就是奉劝为官的不要腐败堕落，交往当以诗情真性。

丹心一颗，千金岂比人格贵；
清风两袖，万贯勿移品行贞。
（任义发／书）

此联的意思是做官要赤胆忠心为国为民，高尚的人格比金子还可贵；

官员要廉洁奉公、两袖清风，面对万贯金钱毫不动摇，要有高风亮节的品格，始终严守道德节操。

古来画师非俗士，

此间风物属丹青。

（任义发／书）

此联是集苏轼诗句。意思是说，自古以来的画师绝非凡夫俗子，这里的一切风物是属于画师的。

千秋笔墨惊天地，

万里云山入画图。

（宋湘／撰　任义发／书）

此联是清代杰出的诗人、书法家宋湘所撰。大意是好的书法可以流传千秋万代，天地为之震惊，万里云山都可以入画。

### 狱神庙

善恶终须因果报，

悔恨皆可迷途返。

（张继宗／撰　由雄伟／书）

监狱是羁押犯人的地方，此联是说行善作恶，最终是会有因果报应的；如果对自己作恶犯法有悔恨、醒悟，就要悬崖勒马，悔过自新。

吾执法休道亲不认，

尔犯罪勿言法无情。

（张继宗／撰　由雄伟／书）

此联的意思是，执法是我的职责，必须依律秉公断案，你不要说我不讲亲朋情面；你犯了罪，就应该受到应有的制裁，不能怪法理无情。

## 衙神庙

辅汉邦社稷千古垂名，
兴世间桑梓万世流芳。
（张继宗／撰　王祖祯／书）

衙神庙即萧曹庙，供奉的是汉代两位宰相萧何和曹参，他二人相继为相，配合默契，留有“萧规曹随”的名典喻世。此联颂扬了萧曹二相忠心赤胆辅佐汉邦社稷，使大汉江山坚如磐石，物阜民丰，萧曹二相名垂青史，万世流芳。

## 圣帝庙内

汉朝忠义无双士，
千古英雄第一人。
（王祖祯／书）

此联是圣帝庙内关羽雕塑两侧的柱联。在我国历史上，由于关羽侠肝义胆、忠心耿耿，成为妇孺皆知的英雄典范和世人崇拜的偶像。圣帝庙遍布各地，此联是全国诸多关帝庙普遍所用的楹联，生动形象地赞颂了这一千古英雄人物。

## 圣帝庙门

忠心赤胆辅汉室，
文韬武略为财神。
（张继宗／撰　王祖祯／书）

此联的意思是，关羽忠心赤胆辅佐汉室江山；由于武艺高强、形象威武，被尊为“武圣”。他不仅在中国百姓心中有很高的地位，在佛教中还被尊称为伽蓝菩萨和护法神将。经商的人认为关公生前善于理财，曾设笔记法，发明日清簿，计算方法非常便捷，而且关公最重义气和信用，信义俱全，所以被奉为商业神。因其可以镇宅辟邪、护佑平安、招财进宝，使人财源广进，故被世人尊奉为财神。

# 附录

附录一

# 定州溯源　文明古城

张继宗

定州历史悠久，但究竟起源于何时，目前说法不一，有2600年之说，也有“中山之源”2400年之论。为了溯源，我们对华夏史籍中有关定州的记载，进行了全面深入的挖掘梳理。历时三载，编著了300余万字的《中山定州历史文库》。三年间，我们广览史籍，深入考古寻迹，并到邻县进行了学术交流。经过反复考察论证，以《定县志》所载的定州的历史起源于城北唐城最为古老、最为可信。公元前2361年，帝挚封异母弟放勋为唐侯。唐侯治理有方，盛德闻名天下，建立了文明古国——唐国。这一璀璨的历史文化，史志有载，古碑有证，先哲有论，遗址可据，而且与定州市同源的邻县已经率先弘扬传承，可见定州的历史起源，有史可考的确切时间，已有4380余年。

## 史志有载，尧都唐城

历史是一面镜子，《史记》是我国历史上第一部纪传体通史。据《史记》首篇“卷一　五帝本纪”载：挚立九年而唐侯德盛，因禅位焉。《帝王世纪》云：帝挚之母，于四人中，班最下。而挚于兄弟最长，得登帝位。封异母弟放勋为唐侯。挚在位九年，政微弱。而唐侯德盛，诸侯归之。挚服其义，乃率群臣造唐而致禅。唐侯自知有天命，乃受禅，封挚于高辛。

“唐侯德盛”的内涵，《史记·五帝本纪》的表述是“帝尧者，放勋。其仁如天，其知如神。就之如日，望之如云。富而不骄，贵而不舒。黄收纯衣，彤车乘白马。能明驯德，以亲九族。九族既睦，便章百姓。百姓昭明，合和万国”。

《史记》详尽地阐明了放勋为唐侯时，在定州唐城建立了中国历史上最早的“文明古国”。

关于放勋为唐侯的封地“唐城”，北魏郦道元的《水经注·滱水》曰：“今此城南对卢奴故城，自外无城以应之。”

北齐魏收《魏书·志》曰：“唐城在州东北十五里，亦曰尧城。相传尧尝都此。”

唐杜佑的《通典》记载：“定州，帝尧始封唐国之地。”唐李吉甫《元和郡县图志》载：“唐县即古唐侯国，尧初封于此，今定州北有故唐城，是尧所封地。”

宋元时期的马端临《文献通考》云：“定州北有故唐城，是尧所封。”

明代曹学佺《天下名胜志》曰：“今定州北有故唐城，是尧所封地。”

清《畿辅通志》第二卷载：“定州，上古，陶唐氏之国。”

清顾祖禹的《读史方舆纪要》载：“卢奴县南有乐阳城，即汉常山郡之乐阳县。又唐城在州东北十五里，亦曰尧城。相传尧尝都此。”

清道光年间《直隶定州志》载：“定自陶唐氏后二千年莫考……陶唐属冀州为唐侯故国。按文献通考，定州为帝尧始封之国。”

20 世纪 30 年代，李景汉《定县社会概况调查》载：“定县的历史，颛顼以前，无可考究。颛项氏分天下为九州，那时定县的地方属于冀州。帝挚五年（前 2361）尧受封为唐侯，到帝挚九年（前 2357）受禅为天子，定都平阳。现今新乐以北、唐河以南的一带地方都是昔日唐侯的封域，定县城北十五里的唐城村，就是唐侯的故城。所以定县在公元前 2361 年至公元前 2357 年，是尧受封的唐国。”

1998 年 4 月，定州市档案局将民国二十二年（1933）所编著的古话文版《定县志》译成白话文并出版。其中，“沿革篇”载：定县沿革，以城北十里之唐城最为古老。因为，论及古代帝尧受封的地域，以唐县左近最为可靠，论及唐尧的故都又以此城最为可信。只因旁证本来不多，再加上郦道元在考证上的疏忽，叙述中纠缠不清，矛盾很多，遂难成定论。然而，按照郦道元的《水经注》所载来考察其方位与距离，也可以得出确论。

郦氏一则曰：尧的故都"在乐羊城之东"，二则曰："南对卢奴城"，三则曰："西北平地有泉南流，至城西北以入波"，四则曰："距中山城八十里，望都七十里"，是其确指此唐城为唐尧的封地，实无疑义。这是城北唐城见于记载的最早者。其后，马端临则谓，定州为尧始封之国，《舆地广记》《太平寰宇记》以后的各"地志"，大都因袭马端临的说法；曹能始的《名胜志》也说"唐城在定州北十里"。这都可以说明：定县这个地方，在帝尧始受封之时，属于唐国的疆域，也是没有疑义的。

从以上诸多史志的记载看，对于"尧都唐城"，上自1500多年前的北魏，经北齐、唐、宋、明、清、民国一直延绵到1998年，历代传承，代不乏人。翔实可靠的史据，使我们没有理由不相信"尧都唐城"的真实性。

## 古碑有证，遗址可据

关于"唐尧初都"的遗址，据道光二十九年（1849）《直隶定州志》载："明史庆都（今望都）县志，县城东有尧母墓、丹朱墓，唐与庆都密迩唐城，至今唐城村东偏尚有古城，遗址似亦可据。"可见，在170多年前唐城遗址尚保存完好。

定州清水河村的老干部李春生先生退休后，潜心唐尧文化研究。据他回忆，唐城的古城遗址，在唐城村代代流传："20世纪50年代，唐城帝都形制犹存：城墙、城门等残留遗迹及古城的整体轮廓仍清晰可见。城中有帝王宫室台基，高出周边民宅2米多。"他还擅长古文字研究，在他所撰的《唐城溯源》一文：中国古文字中的"唐"字，就是由唐尧初都"唐城"形成而始见于史籍的（《定州历史文化研究》第1期，《唐城溯源》）。这与《唐县志》所云"唐之名肇于上古"相符合。

另据唐城唐尧文化研究会秘书长郝树昌先生所撰写的《唐城 唐川 唐水 唐池 唐河》一文："至新中国成立前还留有古唐城之残垣断壁。古城墙为黄土夯成，南城门旁有一段古砖城墙。东门至西门相距约750米。南门至北门为1500米。城墙上有两个城门，分别叫大城门口和小城门口。两门间距约300米。小城门口的城墙上有一小庙和一棵古柏。城中有一个十三级的石台阶，高一丈五尺，占地二亩半左右的高台为尧殿，后为祭祀的‘尧庙’，庙前有个一座两米多高的古钟（此钟在抗战时期被铸造成武器）。旁边还有一棵粗壮的古柏。是现今的村委会所在地。”

关于唐城是“唐尧初都”的真实性，在唐城出土的两座古碑的铭文中也提供了翔实的佐证。

一座是在唐城出土的康熙三十九年（1700）“重修驯龙桥碑”，现存于定州文庙，碑铭中有“世传唐城为陶唐氏侯封故都，历今四千年，虽雉堞丘墟，而遗址宛然。其远城周池，发源自西涨、南宋村。盖乌白二龙湛为泉焉，蜿蜒潆诞汇渡水而东注于海”的记载。

此碑有力地证明了康熙三十九年唐城为陶唐氏侯封故都“遗址宛然”的真实情状。

另一座是在古代唐城西门外北侧的烈女碑。唐城村郝中四先生原文抄录了碑文。全文如下：血泪春衫染绛纱，哭声流度（渡）河东家，今朝与世遗躯体，来世重生并蒂花。妾乃津平阳名门之女，宦门之家，因姜瓖作乱，被抢一路逼婚，誓死不从，幸而行于此唐尧古都。明月在天，清水在旁，上不愧父母，下不愧丈夫，死矣。

这是历史上发生在唐城村一个真实的故事。据《清史稿·列传·卷二百九十七》烈女三载：平阳妇，不知其姓氏。顺治七年（1650），大同总兵姜瓖叛清作乱，由山西窜至定州，唐城等村惨遭掠夺，平阳妇为其徒所掠，在定州唐城文昌阁自缢，刺血题绝命诗四首于壁，并为序自述，略言：“明月在天，清水在旁。得自尽于此，上不愧父母，次不惭婿，庶几与水同清，与月同明。”遂自缢而亡。

碑铭与史文完全契合。这位平阳妇，不仅是位贞节烈女，还是位才女。从她“为徒所掠，过定州唐城村”来看，在唐城停留的时间很短，但遗言中却有“幸而行于此唐尧古都”一语，可见唐城在当时社会是知晓度极高、流传甚广、人人皆知的“唐尧古都”。

## 先哲有论，邻县同源

对于尧的初封地，我国最早的历史文献《尚书》在《夏书·五子之歌》载："惟彼陶唐，有此冀方。"对于冀方的认定，明末清初著名学者顾炎武的代表作《日知录》第五辑载："尧、舜、禹皆都河北，故曰'冀方'。至太康始失河北，而五子御其母以从之，于是侨国河南。再传至相，卒为浞（指寒浞）所灭。古之天子，失其故都，未有能国者也。"又曰："《五子之歌》中的'惟彼陶唐，有此冀方'，基本上是可信的。中国古史上唐、虞、夏三个传说时代人们的活动中心大体在黄河以北，是可信的。"

清代徐旭生先生也持这个观点，他说："我相信陶唐氏故地应该是在今唐县、望都一带。"这与唐城出土的"重修驯龙桥碑"碑铭中的"世传唐城为陶唐氏侯封故都"完全契合。

对此论，郭沫若先生主编的《中国史稿地图集》载："陶唐氏源在河北唐县，后迁到山西汾河流域。"

从以上古代先哲和近代考古学家的论断看，"尧、舜、禹皆都河北，今唐县、望都一带"的论断是可靠的。

关于"唐尧"又称"陶唐氏"，有如下文献记载。

宋代张君房所著《云笈七签》中的"轩辕本纪"曰：帝尧陶唐氏，黄帝之玄孙也。姓伊祁，名放勋，兴于定陶，以唐侯为帝（济阴定陶，又云定州唐县）。

《保定府志》记载：康熙时重修望都帝尧庙，郝浴云："尧，年十二佐挚封植，受封于陶，十五改封于唐，又号陶唐氏，十六诸侯尊为天子，都平阳。"

清人陶澍"望都尧母陵碑记"云："陶唐氏并非因为尧封于陶又封于唐，而是因为尧老而作沈于陶，故称陶唐氏。"

《汉书·地理志》"昔尧作沈于城阳（如淳曰：城阳在定陶）"得到印证。《云笈七签》曰："在定州唐县"，诚如《纲鉴易知录》言：尧十三岁受封于"山东定陶县陶丘"，十五岁复封于唐县。

民国时期《完县新志》记载：尧始封于唐，今中山唐县，复徙晋阳，及为天子，都平阳。此皆在冀州之域，故曰“惟彼陶唐，有此冀方也”。或为陶唐之陶亦地名，为尧封地。

以上史籍对“陶唐氏”之称，是由“陶”、“陶丘”或“定陶”而得名的，和尧封于唐之论观点相同。但有关“陶丘”域位的认定却是两种说法。对此，保定历史文化研究会副会长陈勇在《唐县唐尧文化高峰论文集》中的结论是：“两地（山东陶丘与定州陶丘）相隔数千里，一个 13 岁娃娃，再封千里之外，于理不合，距唐县拜尧村南仅三里之遥有一个陶丘村，现属定州，且历史悠久（陶丘，河北省文物研究所、定州文保所考古发现的新石器时期人类聚落遗址，被认定为省级文物保护单位），而距定州陶丘不远的长古城曾是帝挚禅位后被尧封于高辛的封地。帝挚将尧封此陶丘更具合理性。”

“惟彼陶唐，有此冀方”“陶唐氏源在河北”，无论是尧先封于陶或作沈于陶，初居定州陶丘，而受封唐侯于今定州唐城是毫无疑义的。

为了进一步考证定州的唐城是否为“唐尧初都”，我们对周边邻县的历史文化进行了深入的研究和探讨，并亲赴邻县进行了学术交流，获悉——

唐县。唐县历史悠久，为古唐尧封侯之地。据传，帝尧放勋诞生于唐县尧山（顺平县伊祁山），伊祁为姓。帝挚五年，放勋被封为唐侯，治所阳邑（今固城，一说在长古城），亦称唐，即在唐县境内，称古唐侯国。

曲阳县。《曲阳县志》云：“帝尧初封唐，今定州北唐城村，曲阳其采地也。”

顺平县。顺平县苏家疃出土的石斧和县砖厂出土的陶甑等文物证实，顺平县已有 4000 多年的历史。境内名胜古迹有龙潭湖风景区、伊祁山（太子庵）尧帝庙遗址。

望都。望都又名庆都，尧母以此而得名，为帝尧放勋诞生之地，汉代以前称庆都，汉代改名为望都。《帝王纪》载：“尧母北登尧山，南望都山，故名望都。”望都古属冀州，为帝尧受封故土，故名“庆都”。

行唐。尧自唐（今定州北唐城村）赴平阳即帝位，南行历该地，因名南行唐。北魏去“南”字改为行唐县。

新乐市。中华民族的发祥地之一。相传人文始祖伏羲生于甘肃天水，长于河北新市（今新乐市），殁于河南淮阳。现市区北 2 千米有历史文化遗迹伏羲台。清光绪《新乐县志》所载的古“县城（原址承安铺）图”中南门标注为“景羲”（景仰伏羲台），东门标注为“望尧”（仰望尧都唐城）。

历代先哲、史学家们的定论，周边邻县诸多遗迹的力证以及对弘扬和传承唐尧历史文化的需要，使我们更加清晰地认识到“沙唐两岸皆唐国，唐尧初都在定州”。

综上所述，定州唐城是“唐尧初都”，是中国历史上最早的唐城，“陶唐古国”是中国历史上最早的“文明古国”之一，是中华文明史的起源地之一。帝挚九年，唐侯德盛，乃率群臣造唐而致禅，“禅让”是“中国上古五帝时期的一大创举”。这一大创举，起源于古唐国（今定州唐城），这就使定州的历史起源可以追溯到尧封唐侯的上古时期，定州有着 5000 多年的文明史。唐尧文化在定州源远流长，承载着定州“文明古城，礼仪之乡”丰富深厚的历史文化内涵，是定州先民在创造人类物质文明和精神文明中所结出的丰硕成果，是定州市宝贵的历史文化资源，也是我们坚定文化自信的理论基石和思想动力。我们更应深入细致地研究唐尧文化，利用唐尧文化，达到以古鉴今的目的，为讲好定州故事、建设文旅强市、推动文旅融合高质量发展、全力打造文化旅游名城而增光添彩，这是我们应尽的义务和义不容辞的责任。

附录二

# 定州署赋

张继宗

甲午初夏，定州属冀，沃野探春，万物争璟。翌年槐月，有东四旺儒商张建军者，应市感昭，挥斥方遒，复建州署，历代瀚景，人生百态，尽融其中，寓意幽醇，万般感悟，一注《定州署赋》。

揽定州史，励中华志。中山定都，管仲筑城。设州置府，
开运八升。百业千军，增辉雕栋。今复古署，料塔听钟。
周礼考工，唐韵宋风。辕门聚精，谯楼会神。照壁肃贪，
双狮斥庸。良臣耸雕，佑国慑倭。知州悬镜，赏罚缕清。
二堂三堂，八角贯通。续阅古弦，后圃听笙。白石雪浪，
寸月尺银。麟螭争尊，文武考心。一署亘此，刻古铭今！
孔园孟景，唐尧顾公。皇后九凤，哺育五龙。宰相十四，
文曲九星。廉颇负荆，延年抚琴。佳人倾国，杜后匮盟。
禹锡陋室，琨逖伴寝。程门立雪，崔护钟情。韩琦勤政，
苏轼文宗。元翰三元，郝浴再本。钟麟废主，绳武犒军。
晏师痴教，森然鹤松。寒晖拭泪，明月清风。举州之野，
物阜民诚。定瓷媲玉，缂丝胜金。金缕玉衣，论语竹影。
松醪醇香，白果长青。古中山，今定州。一州联五洲，
一心绘万新。顶天凭强市，立地靠富民！

# 参考文献

[1] 司马迁 . 史记 [M]. 北京：中华书局，1959.

[2] 司马光 . 资治通鉴 [M]. 北京：中华书局，1956.

[3] 范晔 . 后汉书 [M]. 李贤，等注 . 北京：中华书局，1965.

[4] 陈寿 . 三国志 [M]. 裴松之，注 . 北京：中华书局，1982.

[5] 房玄龄，等 . 晋书 [M]. 北京：中华书局，1974.

[6] 魏徵，等 . 隋书 [M]. 北京：中华书局，1997.

[7] 欧阳修，宋祁 . 新唐书 [M]. 北京：中华书局，1975.

[8] 刘昫，等 . 旧唐书 [M]. 北京：中华书局，1975.

[9] 脱脱，等 . 宋史 [M]. 北京：中华书局，1997.

[10] 清史列传 [M]. 王钟翰，点校 . 北京：中华书局，1987.

[11]《中国全史》编写组 . 中国全史 [M]. 长春：时代文艺出版社，2003.

[12] 蔡磊 . 中国通史 [M]. 长春：时代文艺出版社，2002.

[13] 定州市地方志编撰委员会 . 定州市志 [M]. 北京：中国城市出版社，1998.

[14] 张继宗 . 定州典故 [M]. 北京：华文出版社，2008.

[15] 刘绍明 . 古代衙门之旅 [M]. 西安：三秦出版社，2011.

[16] 崔勇 . 中国衙署文化研究 [M]. 保定：河北大学出版社，2013.

[17] 薛有生 . 千年古衙霍州署 [M]. 太原：北岳文艺出版社，2013.

[18] 定州市地方志办公室 . 道光年间直隶定州志 [M]. 北京：九州出版社，2012.